ÖSTERREICHISCHE AKADEMIE DER WISSENSCHAFTEN
PHILOSOPHISCH-HISTORISCHE KLASSE
SITZUNGSBERICHTE, 786. BAND

VERÖFFENTLICHUNGEN ZUR IRANISTIK
HERAUSGEGEBEN VON BERT G. FRAGNER UND VELIZAR SADOVSKI

NR. 49

AUS KARL BRUGMANNS JUGENDERINNERUNGEN

Eingeleitet und mit Anmerkungen versehen von Rüdiger Schmitt,
herausgegeben von Rüdiger Schmitt und Gerhard Brugmann

Verlag der
Österreichischen Akademie
der Wissenschaften

ÖAW

Wien 2009

Vorgelegt von k. M. Rüdiger Schmitt
in der Sitzung am 12. Dezember 2008

Die verwendete Papiersorte ist aus chlorfrei gebleichtem Zellstoff hergestellt,
frei von säurebildenden Bestandteilen und alterungsbeständig.

ISBN 978-3-7001-6542-2

Druck: Börsedruck Ges.m.b.H., A-1230 Wien

http://hw.oeaw.ac.at/6542-2
http://verlag.oeaw.ac.at

INHALTSVERZEICHNIS

VORWORT

Der vorliegende Band enthält Auszüge aus den Jugenderinnerungen[1] des für die Geschichte des Faches bedeutenden Leipziger Indogermanisten Karl BRUGMANN (1849–1919; im folgenden KB), die dieser 1917 während eines Rekonvaleszenzaufenthaltes in einem Sanatorium in Bad Elster verfaßt hat. Der mit den Worten „Meinen Kindern und Kindeskindern gewidmet" überschriebene Text schildert sein Leben bis zu seiner Litauen-Reise im Herbst 1880. Von da an hat KB in dem sog. „Schwarzen Buch", auf das er im Schlußsatz dieser Erinnerungen selbst verweist, Journal geführt; er beschreibt dort vornehmlich sein Familienleben, und auch in den Jugenderinnerungen stellt Privates das für die Sprachwissenschaftsgeschichte Interessante weit in den Schatten. Wie das „Schwarze Buch", das nach KBs Tod 1919 von seiner Witwe Valeska BRUGMANN als Familientagebuch bis zu ihrem eigenen Tod weitergeführt wurde, befinden sich die Jugenderinnerungen heute im Besitz eines Enkels von KB, nämlich von Generalmajor a.D. Gerhard BRUGMANN (Westermoor), der die alleinigen Verfügungsrechte über diesen Text besitzt und bei der vorliegenden Veröffentlichung von Teilen daraus mitgewirkt hat. Er hat auch die im Anhang beigefügten Auszüge aus dem „Schwarzen Buch" bereitgestellt, die die beiden von KB selbst angesprochenen Auslandsreisen sowie die erfolglos gebliebene Voranfrage der Johns Hopkins University wegen einer möglichen Berufung dorthin betreffen, und ebenso die hier publizierten Photos.

---

[1] Der Text muß Wilhelm STREITBERG seinerzeit bei der Niederschrift seiner „Worte zum Gedächtnis an Karl Brugmann" (*BVSGW* 73/2, 1921, 25*–40*) vorgelegen haben, die ganz deutliche Anklänge zeigen.

Bedauerlicherweise sind diese Jugenderinnerungen nicht im Original, also in KBs Autograph, das verschollen ist, erhalten geblieben, sondern nur in einer Abschrift (wohl des Originals), die nach Gerhard BRUGMANNs Kenntnis um 1939 von einer Sekretärin von KBs Tochter Else VON HASE-KOEHLER angefertigt wurde. Diese Abschrift enthält – abgesehen von einigen Lücken in einer hier nicht abgedruckten Passage – eine Reihe von ganz offensichtlichen Fehlern, insbesondere in der Schreibung von Namen (*Rietschl* immer so), sowie etliche Formenvarianten (*Kaffee/Kaffe*, *Zarncke/Zarnche* usw.), die eindeutig auf Schwierigkeiten und Unsicherheiten dieser Sekretärin bei der Lesung von KBs handschriftlichem Original zurückzuführen sind, so daß es uns als Herausgebern sinnvoll erschien, stillschweigend auszugleichen und zu korrigieren und nicht den fehlerhaften Text des (wenn man so will) Subarchetypus herzustellen.

Eine Publikation des Textes ist zuerst von Elisabeth RIEKEN (Marburg) und Manfred MAYRHOFER (Wien) angeregt worden. Schließlich hat sich die Möglichkeit ergeben, ihn in den Schriften der Österreichischen Akademie der Wissenschaften, der KB als korrespondierendes Mitglied angehört hat, zu veröffentlichen. Hierfür gebührt den Herausgebern der *Veröffentlichungen zur Iranistik*, Bert FRAGNER und Velizar SADOVSKI, ein herzlicher Dank.

Laboe/Westermoor, Sommer 2008 Die Herausgeber

ABKÜRZUNGEN

ADB	*Allgemeine Deutsche Biographie*, Leipzig
AlmÖAW	*Almanach der Österreichischen Akademie der Wissenschaften*, Wien
ASGW	*Abhandlungen der Sächsischen Gesellschaft der Wissenschaften zu Leipzig*, Leipzig
BVSGW	*Berichte über die Verhandlungen der Sächsischen Gesellschaft der Wissenschaften zu Leipzig. Phil.-hist. Klasse*, Leipzig
CS	*Studien zur griechischen und lateinischen Grammatik*, Leipzig
IF (Anzeiger)	*Indogermanische Forschungen. (Anzeiger)*, Straßburg, jetzt Berlin/New York
IJ	*Indogermanisches Jahrbuch*, Straßburg, später Berlin
JbBAW	*Jahrbuch der Bayerischen Akademie der Wissenschaften*, München
KB	*Beiträge zur vergleichenden Sprachforschung auf dem Gebiete der arischen, celtischen und slawischen Sprachen*, Berlin
KZ	*Zeitschrift für vergleichende Sprachforschung*, Berlin, später Göttingen
LC	*Literarisches Centralblatt für Deutschland*, Leipzig
NDB	*Neue Deutsche Biographie*, Berlin
PBB	*Beiträge zur Geschichte der deutschen Sprache und Literatur*, Halle (Saale), jetzt Tübingen
TPhS	*Transactions of the Philological Society*, London, jetzt Oxford

DER 'JUNGGRAMMATIKER' KARL BRUGMANN

Karl Friedrich Christian BRUGMANN, geboren am 16. März 1849 in Wiesbaden, war Ende des 19. und Anfang des 20. Jahrhunderts, wie schon daraus deutlich wird, daß siebzehn Wissenschaftsakademien ihn zu ihrem Mitglied gewählt haben und ihm zweimal die Ehre eines *doctor honoris causa* zuteil geworden ist, der bedeutendste Vertreter der Historisch-vergleichenden Sprachwissenschaft[1]. In der Geschichte der Vergleichenden Indogermanischen Sprachwissenschaft, die sich

---

[1] An Nachrufen auf und sonstigen Würdigungen von KB sind zu nennen: Max FÖRSTER, „Worte der Erinnerung an KB", *IJ* 6, 1918 [1920], VII–X; Wilhelm STREITBERG, Nekrolog, *JbBAW* 1919 [1920], 31–36 und (nahezu identisch damit) ders., „KB", *IJ* 7, 1919 [1921], 143–148 [wiederabgedruckt in: *Portraits of Linguists.* Ed. by Thomas A. SEBEOK, Vol. I, Bloomington/London 1966, 575–580]; P. KRETSCHMER, Nekrolog, *AlmÖAW* 70, 1920, 256–261; Wilhelm STREITBERG, „Worte zum Gedächtnis an KB", *BVSGW* 73/2, 1921, 25*–40*; G. DE[VOTO], KB, in: *Enciclopedia Italiana* 7, 1930, 963ab; Ferdinand SOMMER, KB, *NDB* 2, 1955, 667ab; Dieter BERGER, „KB", in: *Nassauische Lebensbilder.* Hrsg. von Karl WOLF, Band 5, Wiesbaden 1955, 260–269; Gisela WALTHER, „KB", in: *Gelehrte in Leipzig.* Hrsg. von Max STEINMETZ, Band I, Leipzig 1965, 85–89; Anna MORPURGO DAVIES, „KB and Late Nineteenth-Century Linguistics", in: *Studies in the History of Western Linguistics in honour of R. H. Robins.* Ed. by Theodora BYNON and F. R. PALMER, Cambridge etc. 1986, 150–171; Eveline EINHAUSER, *Die Junggrammatiker. Ein Problem der Sprachwissenschaftsgeschichtsschreibung*, Trier 1989, 31–35 (und passim); Norbert FRIES, KB, in: *Lexicon grammaticorum. Who's Who in the History of World Linguistics.* Ed. by Harro STAMMERJOHANN, Tübingen 1996, 134–135; K. R. JANKOWSKY, KB, in: *Encyclopedia of Language & Linguistics.* Second edition. Ed. by Keith BROWN, Vol. II, Amsterdam etc. 2006, 137–139. – Das von Wilhelm STREITBERG zusammengestellte Verzeichnis von KBs Schriften (*IF* 26, 1909, 425–440 und *IJ* 7, 1919 [1921], 148–152) wird unten S. 29–32 weitergeführt.

im 19. Jahrhundert als deren wichtigster Zweig etablierte, hat Anna MORPURGO DAVIES[2] für diesen Zeitraum – ohne daß diese Einteilung aber genau aufgeht – vier Perioden unterschieden, in denen (1) die 'Vorläufer' (Sir William JONES und Friedrich SCHLEGEL), (2) die eigentlichen 'Begründer' (u.a. Franz BOPP und Jacob GRIMM), (3) die „consolidatori" (Georg CURTIUS, August SCHLEICHER und August FICK) und schließlich (4) die 'Vollender' aufeinanderfolgen, zu deren maßgebenden Vertretern Karl BRUGMANN zählt, denn er war es, der in jenen Jahren (ab 1885) durch weithin wirkende, einflußreiche systematische Handbücher die Entwicklung der Indogermanistik entscheidend bestimmt hat[3].

Über seine Jugend und seinen Werdegang liegt in den hier S. 33–91 auszugsweise veröffentlichten Erinnerungen ein authentischer Bericht vor. Der äußere Lebensweg KBs soll deshalb nur knapp skizziert werden: Die eigentliche Hinwendung des angehenden Philologen zur Sprachwissenschaft vollzog sich noch nicht in den ersten Semestern (Sommer 1867 bis Sommer 1868) an der Universität Halle – wo seinerzeit immerhin August Friedrich POTT als Sprachwissenschaftler lehrte –, sondern erst darnach in Leipzig, unter dem Einfluß von Georg CURTIUS. Nach der Promotion im sächsischen Leipzig 1871 und dem anschließenden Staatsexamen, das KB 1872 im preußischen Bonn ablegte, unterrichtete er an Gymnasien in seiner Geburtsstadt Wiesbaden (1872–1873) und in Leipzig (ab 1873), wo er sich dann 1877 an der Universität auch für Vergleichende Sprachwissenschaft und Sanskrit habilitierte. Die materielle Sicherheit, um seine sprachwissenschaftlichen Forschungen weiterzuführen, verschaffte ihm die Assistentenstelle, die er ab 1878 am Russischen Philologischen Seminar an der Universität Leipzig innehatte, an dem Studenten slavischer, insbesondere russischer Nationalität ihre Ausbildung zu klassischen

---

[2] Anna MORPURGO DAVIES, *La linguistica dell'Ottocento*, Bologna 1996, 37.

[3] KB war bei der Gründung der *Indogermanischen Gesellschaft* als internationaler Fachverband von Sprachwissenschaftlern im Jahr 1912 eine der treibenden Kräfte und – wie selbstverständlich – deren erster Vorsitzender.

Philologen erhielten. Mit dem Jahr 1882, in dem KB heiratete, in dem die ganze Familie wegen eines Schreibfehlers in KBs Geburtsurkunde auf Betreiben des Standesamtes statt der niederländischen Schreibung des Namens BRUGMAN die deutsche Schreibung BRUGMANN übernahm und in dem diese Jugenderinnerungen enden, wurde er zum Extraordinarius ernannt. Nach langem Warten – die Auseinandersetzungen jener Zeit, die unten S. 22–27 noch zur Sprache kommen werden, hatten natürlich auch Auswirkungen auf die akademische Karriere von manchem Betroffenen – hat er 1884 endlich einen Ruf auf das neugeschaffene[4] Freiburger Ordinariat für Vergleichende Sprachwissenschaft erhalten. Bereits drei Jahre später kam KB nach Leipzig zurück, wo inzwischen (1885) CURTIUS verstorben war, der zwar nach der Denomination seiner Stelle Klassischer Philologe war, sich aber speziell die sprach(wissenschaft)lichen Aspekte der beiden klassischen Sprachen angelegen sein ließ und auch Vergleichende Sprachwissenschaft lehrte. Als dessen unmittelbarer Nachfolger, der Philologe Erwin ROHDE (1845–1898), schon 1886 Leipzig wieder verlassen hatte und die Stelle also binnen kürzester Frist zum zweiten Mal vakant geworden war, gelang es den daran Interessierten schließlich – die treibenden Kräfte scheinen hierbei August LESKIEN und der Germanist Friedrich ZARNCKE gewesen zu sein –, in der Fakultät eine Umwidmung der CURTIUS-Stelle in eine planmäßige Professur für Indogermanische Sprachwissenschaft durchzusetzen. Diese wurde mit KB besetzt, der sie bis zu seinem Tod am 29. Juni 1919 innehatte. Zusammen mit Forschern wie dem Slavisten und Baltisten August LESKIEN (1840–1916) und dem Keltologen und Indologen Ernst WINDISCH (1844–1918) machte KB die Universität Leipzig in den Jahrzehnten vor dem Ersten Weltkrieg zum Mittelpunkt der Indogermanischen Sprachwissenschaft, der von überallher, selbst aus Übersee, Studenten und Forscherkollegen anzog. Es ist daher völlig

---

[4] Die Einrichtung dieser Professur geht auf die Initiative des Germanisten Hermann PAUL zurück, der 1874 von Leipzig nach Freiburg gekommen war und ebenfalls zum Kreis der sog. Junggrammatiker zählte.

unverständlich, daß man nach der Wiedervereinigung des geteilten Deutschland 1990 gerade in Leipzig, wo die Indogermanistik wie überall in der seinerzeitigen DDR abgeschafft worden war, dieses Fach nicht wieder eingerichtet hat.

In unserer Zeit, in der sich dickleibige und mehrbändige 'Handbücher' zum Einstieg in eine wissenschaftliche Disziplin nicht mehr übermäßiger Beliebtheit erfreuen, dürfte KBs Name am ehesten durch 'BRUGMANNs Gesetz' bekannt sein, die zuerst 1876 ausgesprochene Regel[5], daß idg. *$\breve{o}$ (seinerzeit noch als *a_2 bezeichnet) in offener Silbe indoiran. *$\bar{a}$ ergeben habe. Offenkundige Ausnahmen führten aber zu heftigen Diskussionen über dieses 'Gesetz', dessen Geltungsbereich man deshalb genauer zu umgrenzen suchte – so z.B. Edmund KLEINHANS und Holger PEDERSEN[6] mit der Formulierung 'in offener Silbe vor Nasal oder Liquida' – und das manche auch schon für 'tot' erklärt haben. Und da sich die Bedingungen nicht exakt angeben und die Gegenbeispiele nicht immer schlüssig erklären ließen, geht diese Diskussion im Grunde auch bis heute weiter.

Jene Hauptwerke, die KBs Bedeutung begründet haben, sind de facto aber die *Griechische Grammatik*, die zuerst 1885 erschien, und der *Grundriß der vergleichenden Grammatik der indogermanischen Sprachen*, dessen erster Band schon 1886 folgte. Die *Griechische Grammatik* hatte sich zum Ziel gesetzt, die Entwicklung der griechischen „Lautlehre, Flexionslehre und Syntax" – so der Untertitel – aus der indogermanischen Grundsprache abzuleiten, und war somit das erste Werk dieses Genres, bei dem der sprachvergleichende Aspekt im Vordergrund stand. Sie war zugleich die erste sprachvergleichende

---

[5] Eine zusammenfassende Darstellung der Problematik bietet N. E. COLLINGE, *The Laws of Indo-European*, Amsterdam/Philadelphia 1985, 13–21; vgl. ferner aus jüngster Zeit Manfred MAYRHOFER, *Die Hauptprobleme der indogermanischen Lautlehre seit Bechtel*, Wien 2004, 7–9 und dens., „Zu Collinges 'Laws of Indo-European'. Ergänzendes und Kritisches", *Die Sprache* 45, 2005 [2006], 110–133, bes. 112 § 3.1.5(.1–2).

[6] Vgl. Holger PEDERSEN, „Wie viel laute gab es im indogermanischen?", *KZ* 36, 1900, 74–100, bes. 87.

Darstellung einer indogermanischen Einzelsprache überhaupt, die sich nicht auf Laut- und Formenlehre beschränkte, sondern auch die Syntax miteinbezog, v.a. ab der 3. Auflage nicht mehr nur in skizzenhafter Form. Die Bedenken von Hermann OSTHOFF in seinem Dankesbrief anläßlich der Übersendung des Buches taten dem Erfolg des Buches aber keinen Abbruch. Er hatte an KB geschrieben[7]: „Der inhalt ist ja colossal reichhaltig bei aller kürze des ausdrucks. Das buch wird gut wirken in den händen der fachgenossen; aber – Du hast für classische philologen [so im Original; R. Sch.] schreiben wollen oder sollen! Ob die nicht einen horror bekommen und sich abwenden werden vor den ihnen sicherlich grossenteils unverständlich bleibenden finessen, die Du alle zur sprache bringst?“ Doch schon 1889 kam eine 2. Auflage mit doppeltem Umfang heraus, und in der 3. Auflage von 1900 sind aus den anfänglichen 126 Seiten fünfmal so viele (632 Seiten) geworden[8]. Wie schon OSTHOFFs Worte deutlich machen, ist dieses Werk sprachwissenschaftlich orientiert, und es präsentiert zu diesem Zweck eine große Fülle besonderer Formen und Lautentwicklungen aus den Dialektinschriften, die zu jener Zeit in immer größerer Zahl bekannt geworden und besser erforscht worden sind. Aber auf eine vollständige Sammlung und Vorlage des Belegmaterials hatte KB es niemals abgesehen, vielmehr stand für ihn dessen wissenschaftliche Erfassung und Erklärung im Vordergrund.

KBs eigentliches Lebenswerk sollte der *Grundriß der vergleichenden Grammatik der indogermanischen Sprachen* werden, dessen

---

[7] Vgl. Eveline EINHAUSER, *Lieber freund ... Die Briefe Hermann Osthoffs an Karl Brugmann, 1875–1904*, Trier 1992, 157.

[8] Die erneut vermehrte 4. Auflage von 1913 hat KBs Schüler Albert THUMB betreut, dem KB die Bearbeitung anvertraute, um sich selbst ganz der Neubearbeitung des *Grundrisses* widmen zu können (vgl. unten), die im Gegensatz zur 1. Auflage auch die Syntax miteinbezog und deshalb völlig umgestaltet werden mußte. THUMB hat die *Grammatik* ausgebaut durch stärkere Betonung der Entwicklung des Griechischen in historischer und v.a. in nachklassischer Zeit. Auf dieser Grundlage entstand schließlich die *Griechische Grammatik* von Eduard SCHWYZER (München 1939–1950), das bis heute maßgebende Standardwerk auf diesem Gebiet, das aber mit dem BRUGMANN(–THUMB)schen Werk nicht mehr viel gemein hat.

zwei Bände 1886–1893 in vier Teilen in Straßburg erschienen sind[9] und Laut-, Stammbildungs- und Formenlehre behandeln. Durch dieses Werk, zu dem Berthold DELBRÜCK noch drei Bände über die Syntax beisteuerte (Straßburg 1893–1900), sind die vorausgegangenen, auf das gleiche Ziel gerichteten Werke von Franz BOPP und August SCHLEICHER – dessen *Compendium der vergleichenden Grammatik der indogermanischen Sprachen* (Weimar 1861, ^{2}1866, postum ^{3}1870) lag seit 1876 in 4. Auflage vor – verdrängt worden und bald obsolet geworden. Als KB den Plan zu diesem Werk faßte, hatte er mit dem Verleger (Karl TRÜBNER in Straßburg) einen dem SCHLEICHERschen *Compendium* vergleichbaren Umfang vereinbart. Aber da die in der Indogermanistik gängigen Anschauungen über Laut- und Formenlehre damals einen tiefgreifenden Umbruch durchmachten, mußte KB den ursprünglich verfolgten Plan, das *Compendium* zu ersetzen, aufgeben und dahingehend abändern, daß er eine umfassende und durch reiches Material dokumentierte Darstellung zu bieten suchte. So ist KB in vielfacher Hinsicht weit über SCHLEICHER hinausgegangen – erwähnt seien hier nur zwei Punkte, die dies deutlich zeigen: in der Lautlehre die Einbeziehung des Akzentes und in der Morphologie die Erörterung auch der Komposition –, auch wenn er seine Absicht in nichts anderem sieht als darin, „den gegenwärtigen Stand unseres Wissens in kurzen Zügen und mit Hervorhebung alles Wichtigeren darzustellen" (so I^{2}, S. VI). KB beschränkte sich zwar bei der Rekonstruktion auf das durch die Vergleichung der historisch bezeugten Einzelsprachen erreichbare (spätindogermanische) System und sah, da er dies als eine eigenständige Aufgabe betrachtete, von der Erschließung vorausliegender älterer („vorurindogermanischer") Zustände ab. Aber die gewaltigen Fortschritte in der Forschung seit SCHLEICHER, der bereits 1868 gestorben war, und ganz besonders die in den Jahren um 1876 gewonnenen neuen Erkenntnisse, die um 1885 noch nicht allgemein akzeptiert waren (vgl. unten), zwangen ihn gleichwohl zu größerer

[9] I: Einleitung und Lautlehre, 1886; II/1: 1889; II/2, 1: 1890; II/2, 2: 1892; Indices, 1893.

Ausführlichkeit und auch zu einem Ausblick auf noch ungeklärte offene Fragen. Das hauptsächliche Verdienst dieser systematischen Darstellung der bis dahin gewonnenen Ergebnisse der Indogermanischen Sprachwissenschaft besteht jedoch nicht darin, daß KB die richtigen Antworten auf die ungelösten Probleme gegeben hat, die schon immer bestanden. Nach dem Umbruch des '*annus mirabilis*' 1876 – diese Formulierung ist dem Titel eines Aufsatzes von Henry M. HOENIGSWALD entlehnt[10] – waren die indogermanistischen Probleme nämlich nicht mehr dieselben wie zuvor (vgl. unten), so daß es für KB also zunächst einmal darum gehen mußte, die Probleme zu erkennen und genau zu bestimmen, die sich aus dem einzelsprachlich bezeugten konkreten Sprachmaterial unter den geänderten Voraussetzungen, d.h. aus dem Blickwinkel des 'neuen' grundsprachlichen Lautsystems ergaben, bevor er sie dann, sozusagen in einem zweiten Schritt, einer Lösung zuführen konnte. Daraus erklärt sich im Grunde auch, daß ein Großteil der Aufsätze und sonstigen Schriften KBs mehr oder weniger mit dem *Grundriß* in Zusammenhang steht, insofern als er dort die Diskussion und Vorklärung speziellerer Detailprobleme in den Vordergrund gerückt hat.

Die Aufgabe, hierfür eine gewaltige Stoffmasse klar und übersichtlich zu präsentieren und auszuwerten, hat KB so überzeugend gelöst, daß der *Grundriß* sich auch für den Verleger als ein Erfolgsunternehmen erwies und schon bald eine Neubearbeitung nötig wurde. Diese stark erweiterte „Zweite Bearbeitung" begann 1897 zu erscheinen – bis 1916 folgten lieferungsweise drei Teile von Band II[11] – und bildet ein gänzlich neugestaltetes Werk, da Band II nicht nur die eigentliche Formenlehre behandelt, sondern in enger Verknüpfung mit den Wortformen selbst auch deren Gebrauch, d.h. deren Funktionen,

---

[10] Henry M. HOENIGSWALD, „The *annus mirabilis* 1876 and posterity", *TPhS* 1978, 17–35. Auch Wilhelm STREITBERG hatte bereits in seinen „Worte(n) zum Gedächtnis an KB" (vgl. Anm. 1) das Jahr 1876 als einen „Markstein in der Geschichte der Sprachwissenschaft" bezeichnet.

[11] I: Einleitung und Lautlehre. 1, 1897; I/2, 1897; II: Lehre von den Wortformen und ihrem Gebrauch. 1, 1906; II/2, 1: 1909; II/2, 2: 1911; II/3, 1: 1913; II/3, 2: 1916.

darstellt, einen Gegenstand, dessen sich in der Erstauflage die beiden ersten Syntax-Bände DELBRÜCKs angenommen hatten. Das gleiche Verfahren hatte KB in der Zwischenzeit auch schon in der *Kurze(n) vergleichende(n) Grammatik der indogermanischen Sprachen* (Straßburg [1902–]1904) eingeschlagen, die als einbändige Zusammenfassung des monumentalen *Grundrisses* für Studierende der Sprachwissenschaft und für sprachwissenschaftlich interessierte Philologen gedacht war und dann zum eigentlichen Ersatz für das SCHLEICHERsche *Compendium* wurde. In diesem kürzeren Werk zeigt sich, daß KB mit scharfem Blick zu erfassen und auszuwerten vermochte, was für die Rekonstruktion der indogermanischen Grundsprache von entscheidender Aussagekraft war. Dies gilt auch für die Einbeziehung der Syntax – insofern schließt sich der Kreis also –, da die Bildeweise und der Gebrauch der Wortformen eng miteinander zusammenhängen, am deutlichsten vielleicht im Falle der Kasusbildung und der Kasusfunktionen von Nomina und Pronomina. Durch diese Zusammenschau von Formenlehre und Syntax erhoffte sich KB aber ausdrücklich auch eine intensivere Erforschung syntaktischer Erscheinungen, so wie er selbst dadurch immer stärker zur Beschäftigung mit syntaktischen Fragen geführt wurde, und dies nicht nur auf indogermanistischem Gebiet im engeren Sinne: Späte Schriften wie *Der Ursprung des Scheinsubjekts ‘es’ in den germanischen und den romanischen Sprachen* (*BVSGW* 69/5, 1917) und *Verschiedenheiten der Satzgestaltung nach Maßgabe der seelischen Grundfunktionen in den indogermanischen Sprachen* (*BVSGW* 70/6, 1918) – hier wird schon im Titel die sprachpsychologische Orientierung deutlich – stehen der damals immer stärker in den Vordergrund rückenden synchronischen Sprachbetrachtung recht nahe und lassen die Weite von KBs sprachwissenschaftlichem Horizont erkennen. Bei dieser Gelegenheit mögen auch zwei Arbeiten genannt werden, die semasiologisch-etymologische Untersuchungen enthalten und in gewisser Weise Vorläufer zu dem darstellen, was später dann als Wortfeldstudien zeitweise modern geworden ist: *Die Ausdrücke für den Begriff der*

Totalität in den indogermanischen Sprachen (Leipzig 1894)[12] und *Die distributiven und die kollektiven Numeralia der indogermanischen Sprachen* (*ASGW* 25/5, Leipzig 1907), wo auch eine terminologische Klärung des sehr unterschiedlich gebrauchten Begriffs 'distributiv' erfolgt[13].

Durch die Einbeziehung der mit den Wörtern verbundenen syntaktischen Aspekte, d.h. der Begriffe und Vorstellungen in den Bereichen von Genus, Numerus und Kasus sowie der vielen Formenkategorien des Verbums, in die Formenlehre von Band II verblieb für den von KB geplanten Abschlußband des *Grundrisses* nur die eigentliche Satzlehre, die DELBRÜCK in Band III der *Vergleichende(n) Syntax der indogermanischen Sprachen* (= *Grundriß*, Band V, Straßburg 1900) behandelt hatte. Dieses letzte große Ziel, das er sich gesetzt hatte, konnte KB aber nicht mehr erreichen; nur einen ersten Teil hiervon hat er vor seinem Tod noch (fast) zu Ende bringen können, *Die Syntax des einfachen Satzes im Indogermanischen*, die dann trotz der widrigen Zeitumstände der Nachkriegs- und Inflationszeit (Berlin/Leipzig 1925) postum noch herausgegeben werden konnte.

Der theoretisch und methodologisch fundierte Umbruch, der mit dem oben angesprochenen *annus mirabilis* 1876 verbunden ist, bezieht sich im wesentlichen auf zwei methodische Prinzipien, die damals als grundlegend postuliert und angewandt wurden, nämlich zum einen der Grundsatz der Ausnahmslosigkeit der Lautgesetze und zum anderen der, daß die Neubildung von Formen durch Analogie bzw.,

---

[12] Hier werden nicht nur Wörter wie griech. πᾶς, ἕκαστος, latein. *omnis* „all, ganz, jeder" usw., sondern auch andere ganz unterschiedliche Formationen wie latein. *ūniuorsus* oder Iterativkomposita des Typs von ved. *divé-dive* „Tag für Tag, jeden Tag" besprochen.

[13] Es kommen hier nicht nur Numeralia im eigentlichen Sinne zur Sprache, sondern auch andere Ausdrucksweisen, denn auch Singular und Dual können schon, ohne daß ein Zahlwort dabeisteht, distributiv gebraucht werden und ebenso Iterationsformen (seien sie univerbiert oder nicht) und Wörter für „jeder" (griech. ἕκαστος, latein. *quisque* usw.), bei denen eine numeralische Basis fehlt oder nicht mehr deutlich zu erkennen ist.

wie manche sagten, Formassoziation[14] für ältere Sprachperioden ebensogut möglich ist wie für jüngere. Diese beiden methodischen Grundsätze, die für die mit einem Scherzwort des Germanisten Friedrich ZARNCKE so genannten 'Junggrammatiker' von besonderer Wichtigkeit wurden, sind in jenem Jahr zuerst dargelegt worden von August LESKIEN[15], in dessen Vorlesungen KB, OSTHOFF und andere dies aber auch schon vorher kennengelernt hatten. LESKIEN schreibt, speziell mit Blick auf die Deklination (a.a.O., 2): „Nun erscheinen aber thatsächlich in der einen Sprache mehr, in der anderen weniger Bildungen, deren Gestalt durch die Wirkung der Lautgesetze nicht erklärt werden kann, aber auch nicht erklärt werden darf; sie sind der Stammclasse oder der Function, der sie dem Sprachgebrauche nach anzugehören scheinen, ursprünglich fremd, einer anderen Stammclasse entlehnt oder mit einer ihnen von Hause aus nicht zukommenden Function versehen, mit einem Worte Analogiebildungen. Beide Momente, lautgesetzliche Umbildung [gemeint: lautgesetzliche Entwicklung; R. Sch.] und Analogie, erklären die in einer bestimmten Periode vorhandene Gestalt der Declination einer Sprache, wie jeder Art der Flexion, und nur diese beiden Momente kommen in Betracht."

Zu den Aufsätzen, in denen diese Prinzipien konsequent angewandt wurden und neue Erkenntnisse, v.a. über die Grundsprache, zur Folge hatten, zählen insbesondere folgende drei: (1) Hermann OSTHOFFS Arbeit über die germanischen *n*-Stämme[16], in der OSTHOFF die

---

[14] Deshalb wurde diese Forschergruppe seinerzeit gelegentlich auch als „Associalisten" bezeichnet, mit einem Namen, der auf Ernst KUHN zurückgeht: vgl. EINHAUSER, *Die Junggrammatiker* ... (vgl. Anm. 1), 335 (Brief KBs an Hermann PAUL vom 2. Dezember 1877) sowie 261 Anm. 2.

[15] August LESKIEN, *Die Declination im Slavisch-Litauischen und Germanischen*, Leipzig 1876 (Nachdruck Leipzig 1963).

[16] H. OSTHOFF, Die frage des ursprungs der germanischen n-declination (Nebst einer theorie über die ursprüngliche unterscheidung starker und schwacher casus im indogermanischen)", *PBB* 3, 1876, 1–89, bes. 52: „ich fasse jenes ρα [scil.: von Dat. Plur. πατρά-σι; R. Sch.] als eine art griechischen *r*-vocals" und 53: „Es verhalten sich genau skr. *-tár-* : *-tṛ-* : *-tr-* = griech. -τέρ- : -τρᾰ- : -τρ-" [scil.: in *pitár-* = πατήρ „Vater"].

silbische Liquida *r̥, so wie sie im Indoarischen noch bewahrt ist, als bereits in der indogermanischen Grundsprache vorhanden postuliert hat; (2) gewissermaßen in Parallele zu OSTHOFFs Entdeckung der Aufsatz KBs[17], in dem dieser durch den Ansatz von grundsprachlich-indogermanischen silbischen Nasalen *m̥ und *n̥, die nirgends als solche erhalten geblieben sind – vgl. idg. *n̥ > altindoar. *a*, griech. α/ο, latein. *en/in*, got. *un* usw. –, mehrere ungelöste Probleme mit einem Schlag gelöst und Gesetzmäßigkeiten, eben 'lautgesetzliche Entwicklungen', erkannt hat, wo man zuvor nur willkürliche Regellosigkeit gesehen hatte; und (3) Karl VERNERs Erklärung für „Eine ausnahme der ersten lautverschiebung" (*KZ* 23, 1877, 97–130)[18] aus dem freien Wortakzent, wie er in verwandten Sprachen bezeugt, aus der Grundsprache ererbt und auch im Germanischen in frühester Zeit noch lebendig gewesen ist.

Die ausführlichste[19] theoretische Darlegung der 'junggrammatischen' Prinzipien findet sich im Vorwort zu Band I der von OSTHOFF und KB 1878 begründeten[20] *Morphologische(n) Untersuchungen auf dem Gebiete der indogermanischen Sprachen* (III–XX), das zwar von beiden unterzeichnet ist, jedoch von KB stammt, wie dieser später klargestellt hat: „Zu dem 'Vorwort' zu Band 1 der Morphologischen Untersuchungen von Osthoff und Brugmann", *IF Anzeiger* 11, 1900,

[17] KB, „Nasalis sonans in der indogermanischen Grundsprache", *CS* 9, 1876, 285–338. Zu den Auswirkungen dieses Aufsatzes auf das Verhältnis zwischen KB und seinem Lehrer CURTIUS vgl. unten im Text S. 22–27 sowie in KBs Erinnerungen S. 79 f.

[18] Daß auf dem Titelblatt von Band 23 die Jahreszahl 1877 steht, besagt nur, daß der Band in diesem Jahr mit Heft 6 abgeschlossen wurde; VERNERs im Juli 1875 geschriebener Aufsatz steht aber in Heft 2.

[19] Eine Zusammenfassung der wesentlichen Punkte ist auch in den Vorbemerkungen zu KBs Habilitationsschrift „Zur geschichte der nominalsuffixe *-as-*, *-jas-* und *-vas-*" (*KZ* 24, 1879, 1–99, bes. 1–8) zu finden. Bemerkt sei, daß Heft 1 von Band 24 spätestens Anfang 1878 erschienen sein muß.

[20] Fünf weitere Bände erschienen 1879, 1880, 1881, 1890 und 1910.

131 f.[21]. In diesem theoretischen Manifest – KB nennt es „unser glaubensbekenntniss“ (XIX) – wird an der früheren Forschung scharfe Kritik geübt: „Man erforschte zwar eifrigst die sprachen, aber viel zu wenig den sprechenden menschen“ (III; im Original gesperrt). Diese Anschauung hatte sich vornehmlich in der Germanistik angebahnt und – ebenfalls im Jahr 1876 – zu der ersten 'modernen', methodisch fundierten Untersuchung eines deutschen Dialekts geführt, nämlich der Mundart von Kerenzen (Glarus) in der Jenenser Dissertation von Jost WINTELER[22]. KB wandte sich gegen die übermäßige Betonung der Rekonstruktion der Grundsprache mittels der jeweils frühestbezeugten einzelsprachlichen Fakten, die dazu geführt habe, „dass die vergleichende sprachwissenschaft wesentlich an der hand der [scil.: „construierten“; R. Sch.] indogermanischen grundformen ihre allgemeinen vorstellungen von der art und weise, wie sprachen leben und sich fort- und umbilden, gewann“ (VI; im Original gesperrt). In Wirklichkeit gehe jede sprachliche Veränderung vom sprechenden Individuum aus, und die methodologischen Grundsätze für eine vergleichende Sprachbetrachtung seien deshalb auf germanischem, romanischem und slavischem Gebiet zu gewinnen, wo die Sprachentwicklung über längere Zeiträume hin zu beobachten ist (VII) und ihre Gesetzmäßigkeiten aus lebendigen Sprachen und, nicht zuletzt, aus gesprochenen Dialekten abzuleiten sind. Es muß also darum gehen – und hierzu gebe es keine Alternative –, „die bisherigen methodischen grundsätze unserer wissenschaft umzugestalten und jenes nebelbild, das seine nebelheimat schlechterdings nicht verleugnen kann, für immer dahinfahren zu

[21] Nachdem OSTHOFF am 15. Juni 1878 noch an KB geschrieben hatte, daß er auf das Vorwort „sehr gespannt“ sei, steht in seinem nächsten Brief vom 21. Juni 1878: „Was nun dein 'vorwort' anbetrifft, so finde ich dasselbe ganz vortrefflich [so im Original; R. Sch.] und möchte gerne durch die unterschrift 'Die verfasser' mit daran participieren“. Vgl. EINHAUSER, *Lieber freund* ... (vgl. Anm. 7), 64.

[22] J. WINTELER, *Die Kerenzer Mundart des Kantons Glarus, in ihren Grundzügen dargestellt*, Leipzig/Heidelberg 1876.

lassen" (X; im Original gesperrt)[23]. Der entscheidende Punkt ist letztlich, daß für die durch die Junggrammatiker geprägte Periode der Historisch-vergleichenden Sprachwissenschaft eine genauere Beobachtung der Natur der in der Sprache sich abspielenden Vorgänge charakteristisch ist.

Für den Grundsatz der Ausnahmslosigkeit der Lautgesetze[24] ist die 'klassisch' gewordene Formulierung die von KB (in: *Morphologische Untersuchungen* ... I, XIII): „Aller lautwandel, so weit er mechanisch vor sich geht, vollzieht sich nach ausnahmslosen gesetzen" (im Original gesperrt), und zwar „bei allen angehörigen einer sprachgemeinschaft" und in allen Wörtern „unter gleichen verhältnissen". Dies hat der Germanist Wilhelm SCHERER im Prinzip bereits 1875 mit ähnlichen Worten formuliert: „Die Veränderung der Laute ... vollzieht sich nach festen Gesetzen, welche keine andere als wiederum gesetzmäßige Störung erfahren"[25]. Bis zu einem gewissen Grad hat KB seinen Standpunkt später aber selbst etwas relativiert (vgl. *Kurze vergleichende Grammatik* ..., 41 f.), insofern als er in den Lautgesetzen „nur empirische Gesetze" der Art sah, wie sie auch für die Gesetzmäßigkeiten des Bedeutungswandels und des syntaktischen Wandels gelten.

---

[23] Anna MORPURGO DAVIES, „KB and Late Nineteenth-Century ..." (vgl. Anm. 1), 157 meint, KB „must have felt very strongly indeed", wenn er sich nicht an das vierte der „Zehngebote für classische Philologen" von Karl LEHRS und Friedrich Wilhelm RITSCHL, seinem latinistischen Lehrer (abgedruckt bei Otto RIBBECK, *Friedrich Wilhelm Ritschl. Ein Beitrag zur Geschichte der Philologie.* II, Leipzig 1881, 450), gehalten hat: „Du sollst den Namen Methode nicht unnütz im Munde führen." – Man bedenke aber immerhin, daß KB auch das sechste Gebot gebrochen hat: „Du sollst nicht Sanskritwurzeln klauben und mein Manna verschmähen."

[24] Diese Frage ist eine Zeitlang sehr kontrovers diskutiert worden; acht Arbeiten von Vertretern des Pro und Contra allein aus den Jahren 1885–1887 sind wiederabgedruckt worden in dem Band *The Lautgesetz-Controversy. A Documentation with Essays by G. Curtius,* ... New edition ... by Terence H. WILBUR, Amsterdam 1977. Vgl. im übrigen auch Gisela SCHNEIDER, *Zum Begriff des Lautgesetzes in der Sprachwissenschaft seit den Junggrammatikern*, Tübingen 1973.

[25] Zitiert bei B. DELBRÜCK, *Einleitung in das Studium der indogermanischen Sprachen*, Leipzig ^{6}1919, 174 f.

Der zweite, die Junggrammatiker leitende methodische Grundsatz war der, daß Wort- und Formenbildung durch Analogie, etwa in der Derivation, in der Flexion von Nomen, Pronomen und Verbum, in der Zählreihe oder in sonst semantisch miteinander assoziierten Wörtern, nicht auf moderne Sprachen beschränkt, sondern als gleichermaßen wirksam auch für frühere Sprachperioden anzunehmen ist. Und zwar gilt dies unter synchronischem wie diachronischem Aspekt in gleicher Weise, d.h. ebenso für die Schaffung neuer Wortstämme und Wortformen, Phrasen, Konstruktionen usw. wie auch für den Ersatz älterer (ererbter) Formen, Konstruktionen usw. durch neue, also Vorgänge, wie sie in lebenden Sprachen beobachtet werden können, und die Schlüsse, die man daraus abzuleiten hat, dürfen ohne weiteres auch auf ältere Sprachen bzw. die Sprachentwicklung in älterer Zeit übertragen werden. Auch in diesem Punkt ist LESKIEN vorangegangen, den KB, *CS* 9, 1876, 317 Anm. 33 zitiert und der in seinem Buch aus dem gleichen Jahr betont hat (*Die Declination im Slavisch-Litauischen* ..., 39), daß man, bevor man nach einer Grundform sucht, immer zuerst abklären müsse, ob in der betreffenden Form nicht eine Analogiebildung vorliege. Die Stelle lautet dort vollständig: „man hat sich nach dem ganzen Entwicklungsgange dieser Disciplin daran gewöhnt, bei den einzelnen Formen der Einzelsprachen immer zunächst an die Ursprache zu denken und die Canäle zu suchen, die bis zu dieser hinführen, den Drang zur Formbildung, der sich in den einzelnen Sprachen durch Uebertragungen und Analogiebildungen verräth, vernachlässigend. Ich halte es, wenn man sich vor falschen Constructionen bewahren will, für ganz nothwendig, die letztere Seite immer zuerst hervorzuheben, dann erst nach den Grundformen zu suchen.“

Die in dem berühmten Vorwort der *Morphologischen Untersuchungen* zusammengefaßten methodischen Grundsätze bezüglich Sprache, Sprachwandel und insbesondere Formassoziation griffen 1878 nur Gedanken und Erkenntnisse auf, die KB schon zuvor, bes. in dem Aufsatz über Nasalis sonans (vgl. oben Anm. 17), in ausführlichen Anmerkungen erörtert hatte (bes. 317 ff. Anm. 33). Und durch die Anwendung dieser Grundsätze ist KB dort zu anderen Ergebnissen als Franz BOPP, SCHLEICHER, CURTIUS usw. gekommen; umwälzende Konsequenzen hatte insbesondere die für die indogermanische Grundsprache postulierte Existenz von silbischen Nasalen, durch die sich eine Vielzahl von Problemen des Vokalismus und der Stammbildung auf verblüffend einfache Weise lösten[26]. Auch in der Rekonstruktion des grundsprachlichen Vokalsystems stellte sich KB durch die Unterscheidung verschiedener *a*-Vokale (d.h., nach späterem Usus: durch Annahme der Vokaltrias **a*, **e*, **o* gemäß dem Palatalgesetz) gegen die frühere und auch von CURTIUS vertretene Anschauung. Dabei betonte er schon 1876, sich an LESKIEN anschließend, gerade im Hinblick auf das Erklärungsmuster der Analogiebildung ausdrücklich, es handle sich hierbei „um eine Principienfrage, bei der meine Anschauungen von denen meines verehrten Lehrers [scil. CURTIUS] nicht unbeträchtlich abweichen" (*CS* 9, 1876, 317). CURTIUS hat sich denn auch öffentlich davon distanziert, indem er am Ende des Bandes ein „Nachwort" einrücken ließ (*CS* 9, 1876, 468), in dem er bemerkt, daß er gewöhnlich „in solchen Fällen, bei denen mir erhebliche Zweifel sich aufdrängten, in Redactionsnoten meinen Stand gewahrt" habe. Da ihm dies aber „wegen einer längeren Abwesenheit von Leipzig bei den Beiträgen meines Mitherausgebers [scil.: KB[27]] ... nicht möglich" war, macht er seiner Verärgerung Luft: „Ich muss daher die Verantwortlichkeit für seine weit greifenden Combinationen ihm allein überlassen." Hiermit war es aber nicht genug. Wie sich das persönliche

[26] Dagegen ist KB nicht unmittelbar beteiligt an der in die gleiche Zeit fallende, allem Anschein nach von mehreren Forschern unabhängig voneinander gemachte Entdeckung des sog. Palatalgesetzes (z.B. idg. **k* > indoiran. **c* nur vor ursprünglichem [idg.] **e*, *i* usw., nicht aber vor ursprünglichem **a*, **o* usw.), durch das sich erwies, daß das Indoiranische nicht den ursprünglichen Zustand des Vokalsystems repräsentieren kann und daß die Verhältnisse der indogermanischen Grundsprache in diesem Punkt offenbar mehr denen der europäischen Sprachen glichen.

[27] Der zweite in demselben Band enthaltene Beitrag KBs ist der Aufsatz „Zur Geschichte der stammabstufenden Deklinationen. Erste Abhandlung: Die Nomina auf *-ar-* und *-tar-*", *CS* 9, 1876, 361–406.

Verhältnis zwischen CURTIUS und KB gestaltete, schildert dieser in seinen Erinnerungen (vgl. unten S. 79 f.). Darüber hinaus hat CURTIUS mit dem zweiten Heft von Band 10 (1878) die Reihe der *Studien* abrupt eingestellt, und er schrieb dort in einem nur von ihm namentlich gezeichneten „Nachwort" (*CS* 10, 1878, 438) vom Januar 1878: „Nachdem in zehn Jahren zehn Bände der 'Studien' erschienen sind, habe ich mich aus verschiedenen Gründen entschlossen diese Sammlung eingehen zu lassen." Weiter heißt es: „Ich kann diese Blätter nicht aus der Hand geben ohne denen zu danken, welche sich um ihr Gedeihen verdient gemacht haben." Wie tief der Stachel saß, ersieht man daraus, daß der Name des Mitherausgebers KB in dem eine ganze Seite füllenden Text unerwähnt bleibt, – obwohl er doch vorne auf dem Titelblatt des Bandes steht[28]. Pikanterweise erschienen dann die *Morphologischen Untersuchungen* übrigens in Leipzig in demselben Verlag wie zuvor CURTIUS' *Studien*, bei Salomon HIRZEL.

Was CURTIUS wohl am stärksten getroffen haben wird, waren der Vorwurf methodologischer Mängel in der „Principienfrage" der Analogie und der Umstand, daß sein Schüler KB die Stirn hatte, diesen Vorwurf zu erheben. Dabei war CURTIUS zweifelsohne einer der Hauptvertreter der auf BOPP und GRIMM folgenden Periode und der, der eine ganz besondere Wirkung durch seine Lehrtätigkeit (als Klassischer Philologe) entfaltet und die sprachvergleichende Methode speziell auf Griechisch und Latein angewandt hat. Und hier hatte er sich durchaus große Verdienste auch in Methodenfragen erworben, da er nämlich, wie schon in seinen *Grundzüge(n) der griechischen Etymologie* (Leipzig 1858–1862) sichtbar wird, viel schärfer als die erste, die 'Gründer'-Generation der vergleichenden Sprachwissenschaft wie z.B. BOPP, aber auch viel schärfer als etwa sein Zeitgenosse Theodor BENFEY erkannt hatte, daß die Sprachentwicklung bestimmten Gesetzmäßigkeiten in der Lautentwicklung folgt, ohne diese Auffassung

---

[28] Es entspricht also nicht den Tatsachen, daß CURTIUS, wie EINHAUSER, *Die Junggrammatiker* ... (vgl. Anm. 1), 33, schreibt, KB „von der Mitherausgeberschaft der *Studien* entband".

dann aber auch wirklich konsequent zu verfechten. Dies hat als erster August LESKIEN gefordert, der im Gegensatz zu CURTIUS sich strikt dagegen gewandt hat, „beliebige zufällige ... Abweichungen“[29] zuzulassen. Im Rückblick, Jahrzehnte später, hat auch KB anerkannt[30], daß die seinerzeit mehr oder weniger vorherrschenden Anschauungen von CURTIUS zwar „einen großen Fortschritt bedeuteten nicht nur gegenüber den sprachgeschichtlichen Ansichten von Philologen wie BUTTMANN, GOTTFRIED HERMANN und LOBECK, sondern auch gegenüber denen von BOPP“, daß sie aber zugleich „in vielen Hinsichten noch recht irrtümlich waren, zu einem großen Teil ... geradezu abenteuerlich und phantastisch“. Der hauptsächliche Vorwurf KBs ist der, daß CURTIUS' Anschauungen „in vielen Beziehungen noch die unmittelbare oder mittelbare Fortsetzung der sehr primitiven Anschauungen“ der antiken Sprachwissenschaftler bildeten und „nicht auf unbefangenen Beobachtungen ... [der] Lebens- und Entwicklungsbedingungen der menschlichen Sprache“ beruhten.

Die Neuerungen der Junggrammatiker wurden von der älteren Generation, aber nicht nur von dieser, sondern auch von jüngeren Vertretern anderer 'Schulen', heftig kritisiert. Auch Georg CURTIUS selbst hat in diese Diskussion mit einer Streitschrift *Zur Kritik der neuesten Sprachforschung* (Leipzig 1885) eingegriffen, gegen die KB sich gewehrt hat, der seine Position prompt in der Antikritik *Zum heutigen Stand der Sprachwissenschaft* (Strassburg 1885) verteidigte[31]. Diese Schrift enthält nach KBs Freiburger Antrittsvorlesung über „Sprach-

[29] Vgl. August LESKIEN, *Die Declination im Slavisch-Litauischen ...*, XXXIV: „Lässt man aber beliebige zufällige, unter einander in keinen Zusammenhang zu bringende Abweichungen zu, so erklärt man im Grunde damit, dass das Object der Untersuchung, die Sprache, der wissenschaftlichen Erkenntniss nicht zugänglich ist“.

[30] Den Stand der Indogermanistik zu jener Zeit, als sich der Umbruch durch die 'Junggrammatiker' abzeichnete, skizzierte KB in seinem Nachruf auf LESKIEN: vgl. KB, „Worte zum Gedächtnis an August Leskien“, *BVSGW* 68, 1916, 16*–30*, hier 18* f.

[31] Beide Schriften, sowohl die von CURTIUS wie auch die von KB, sind in dem oben Anm. 24 zitierten Sammelband *The Lautgesetz-Controversy* ungekürzt abgedruckt.

wissenschaft und Philologie“ (1–41) als Hauptteil eine „Erwiederung [sic] auf Georg Curtius' Schrift ...“ (43–128), die der Reihe nach jene vier Punkte aufgreift, bei denen Georg CURTIUS die „neueste Sprachforschung“ junggrammatischer Richtung „auf Abwege gekommen“ sah (KB, *Zum heutigen Stand ...*, 46): bes. die Ausnahmslosigkeit der Lautgesetze, die Frage der Formenbildung durch Analogie und den Vokalismus der Grundsprache. KB legt getreu dem GOETHEschen Motto, das er über dieses Kapitel schreibt[32], einmal mehr die Methode der Junggrammatiker in aller Klarheit dar, widerlegt die von CURTIUS erhobenen Einwände und hebt zum Schluß (125) richtig hervor, daß man nicht, wie CURTIUS es tat, „von einem Bruch mit der Vergangenheit“ reden könne, sondern daß die neueren Anschauungen nur „die organische und folgerechte Fortentwicklung der älteren Bestrebungen“ seien.

Aber die Auseinandersetzungen der 'Junggrammatiker' mit ihren Gegenspielern in den Jahren nach 1876 spielten sich nicht nur auf wissenschaftlicher Ebene ab, sondern führten auch in den persönlichen Bereich und wirkten sich auch auf die akademische Karriere mancher Beteiligter aus, bis da allmählich Ruhe einkehrte und die Diskussion wieder in geordneten Bahnen weiterlief. Auch das Verhältnis zwischen KB und Georg CURTIUS war am Ende – wenige Monate nach den beiden Streitschriften ist CURTIUS am 12. August 1885 gestorben – wieder von Einvernehmen und Sachlichkeit geprägt, wie aus einem Brief KBs an Friedrich ZARNCKE vom 18. September 1885 hervorgeht, der auszugsweise bei EINHAUSER, *Die Junggrammatiker ...* (vgl. Anm. 1), 34 abgedruckt ist. KB ist vom Charakter her ja viel zurückhaltender gewesen als Hermann OSTHOFF, dessen Aggressivität in seinen Veröffentlichungen, aber erst recht auch in seinen Briefen an KB, soweit sie in der Ausgabe von Eveline EINHAUSER vorliegen (vgl. Anm. 7), oftmals deutlich durchscheint. Als Beispiel

[32] „Man muss sein Glaubensbekenntniss von Zeit zu Zeit wiederholen, aussprechen was man billigt, was man verdammt: der Gegentheil lässt's ja auch nicht daran fehlen“ (*Maximen und Reflexionen* 158).

sei aus einem Brief vom 2. April 1877 zitiert (vgl. EINHAUSER, a.a.O., 31), in dem OSTHOFF KB rät, die Korrespondenz mit CURTIUS „sorgfältig auf(zu)bewahren: sie kann vielleicht der nachwelt, wenn wir längst im grabe liegen, als wertvolles document in der geschichte der sprachwissenschaft dienen, insofern als sie nicht nur einen persönlichen conflict, vielmehr den kampf einer sich bahn brechenden neuen richtung mit einer alten verrotteten illustriert". Den lebendigen Eindruck von den handelnden Personen jener Umbruchsphase, den die OSTHOFF-Briefe und auch eine Reihe anderer durch EINHAUSER, *Die Junggrammatiker* ... (vgl. Anm. 1) erstmals der Öffentlichkeit zugänglich gemachter Briefe uns Heutigen vermitteln, erweitern KBs Jugenderinnerungen nicht unerheblich. Denn während durch OSTHOFFS Briefe nur indirekt und in der Spiegelung des Briefempfängers Licht auf KB fällt, gewinnt man durch die hier publizierten Textauszüge ein authentischeres Bild von KB selbst. Und wenn man nach der Publikation der OSTHOFF-Briefe allgemein bedauert hat, daß KBs Gegenbriefe fehlen, so darf man heute mit einiger Freude feststellen, daß KBs Jugenderinnerungen einen gewissen Ersatz für diese Lücke und eine willkommene Bereicherung für eine umfassende Betrachtung und eine abgewogene Beurteilung jener so ungemein bedeutsamen Periode der Sprachwissenschaftsgeschichte darstellen.

ERGÄNZUNG ZU KARL BRUGMANNS SCHRIFTENVERZEICHNIS

Ein nahezu vollständiges Verzeichnis von KBs Schriften hat für die Jahre 1871–1919 Wilhelm STREITBERG zusammengestellt: *IF* 26, 1909, 425–440 (Nr. 1–316) und *IJ* 7, 1919 [1921], 148–152 (Nr. 317–400). Da es nach der Reihenfolge der Entstehung und nicht nach der des Erscheinens angeordnet ist, dürfte es auf Unterlagen von KB selbst beruhen. Fehlende Angaben sollen hier ergänzt, ungenaue richtiggestellt werden; darüber hinaus werden Wiederabdrucke aus den Jahren seit 1919 zusammengestellt:

115.+ *Grundriß der vergleichenden Grammatik der indogermanischen Sprachen. I–II* in 5 Bänden, Straßburg 1886–1893.
Hierzu: *Elements of the Comparative Grammar of the Indo-Germanic Languages. A Concise Exposition of the History of Sanskrit, Old Iranian* ... Translated from the German by Joseph WRIGHT (ab Band 2: by R. Seymour CONWAY and W. H. D. ROUSE), I–V, London, Trübner/New York, Westermann; I (1888): XX, 562 S.; II (1891): XVIII, 493 S.; III (1892): XII, 402 S.; IV (1895): XX, 613 S.; V (1895): IX, 250 S.

240. *Kurze vergleichende Grammatik der indogermanischen Sprachen* ... Straßburg (1902–)1904.
Hierzu: *Abrégé de grammaire comparée des langues indo-européennes* ... Traduit par J. BLOCH, A. CUNY et A. ERNOUT sous la direction de A. MEILLET et R. GAUTHIOT, Paris: Klincksieck, 1905, XXI, 856 S.

363. Zur Frage des Ursprungs der Personalendungen des indogermanischen Verbums, *IF* 39, 1921, 131–139.
385. Analogische Neuerungen in den Ausgängen der Formen des Verbum finitum in den idg. Sprachen, *IF* 39, 1921, 157–172.
388. [Bemerkungen über das Wort *Düne*], in: J. PARTSCH, *Dünenbeobachtungen im Altertum* (= *BVSGW* 69/3), 1917, S. 2–6.
395. δικεῖν als Aorist zu βάλλειν, *IF* 39, 1921, 144–149.
396. Böotisch πιτεύω, *IF* 39, 1921, 149–151.
397. Griech. σῑ- als sinnverstärkendes Vorderglied in Nominalkomposita, *IF* 39, 1921, 140–144.
398. Altlat. *humus* Gen. Sg. = gr. χθονός, *IF* 39, 1921, 151–154.
399. Lat. *sevērus*, *IF* 39, 1921, 154–156.
400. *Die Syntax des einfachen Satzes im Indogermanischen* (Beiheft zu *IF* 43), Berlin/Leipzig, de Gruyter, 1925, VII, 229 S.
401. *Kurze vergleichende Grammatik* ... [= Nr. 240]. Anastatischer Neudruck (der Ausgabe von 1904), Berlin, de Gruyter, 1922.
402. *Grundriß der vergleichenden Grammatik* ... Zweite Bearbeitung. Band I [= Nr. 195]. Unveränderter Neudruck (der Ausgabe von 1897), Berlin/Leipzig, de Gruyter, 1930.
403. *Kurze vergleichende Grammatik* ... [= Nr. 240]. Unveränderter Neudruck (der Ausgabe von 1904), Berlin, de Gruyter, 1933.
404. [Nachruf auf] Hermann Osthoff, in: *Portraits of Linguists. A Biographical Source Book for the History of Western Linguistics, 1746–1963*, ed. by Thomas A. SEBEOK. Vol. I, Bloomington/London, Indiana University Press, 1966, S. 555–562.
405. *Grundriß der vergleichenden Grammatik* ... Zweite Bearbeitung. I–II in 4 Bänden [= Nr. 195 usw.]. Unveränderter Neudruck (der Ausgabe von 1930 und 1906–1916), Berlin, de Gruyter, 1967.
406. Nasalis sonans in the Original Indo-European Language, in: *A Reader in Nineteenth-Century Historical Linguistics*. Ed. and transl. by Winfred P. LEHMANN, Bloomington/London, Indiana University Press, 1966, S. 190–196 [Teilweise englische Über-

setzung aus *CS* 9, 1876, 287–338, eingeleitet vom Übersetzer und Herausgeber].

407. Mit Hermann Osthoff: Preface to *Morphological Investigations in the Sphere of the Indo-European Languages* I, in: *A Reader in Nineteenth-Century Historical Linguistics.* Ed. and transl. by Winfred P. LEHMANN, Bloomington/London, Indiana University Press, 1966, S. 197–209 [Englische Übersetzung des Vorworts aus *Morphologische Untersuchungen auf dem Gebiete der indogermanischen Sprachen* ... I, 1878, S. III–XX, eingeleitet vom Übersetzer und Herausgeber].

408. *Kurze vergleichende Grammatik* ... [= Nr. 240]. Photomechanischer Nachdruck (der Ausgabe von 1933), Berlin, de Gruyter, 1970.

409. *Morphologische Untersuchungen auf dem Gebiete der indogermanischen Sprachen* ... IV–V [= Nr. 63, 132]. Nachdruck (der Ausgabe von 1881, 1890), Hildesheim/New York, Olms, 1974.

410. *Morphologische Untersuchungen* ... I–III [= Nr. 40, 50, 54]. Nachdruck (der Ausgabe von 1878, 1879, 1880), Hildesheim/New York, Olms, 1975.

411. *Morphologische Untersuchungen* ... VI [vgl. Nr. 321]. Nachdruck (der Ausgabe von 1910), Hildesheim/New York, Olms, 1975.

412. *Zum heutigen Stand der Sprachwissenschaft* [= Nr. 113]. Nachdruck (der Ausgabe von 1885) in: *The Lautgesetz-Controversy. A Documentation with Essays by ... K. Brugmann* ... New edition with an introductory article by Terence H. WILBUR, Amsterdam, Benjamins, 1977 [ohne eigenständige neue Paginierung].

413. Über das Wesen der sogenannten Wortzusammensetzung [= Nr. 226]. Wiederabdruck in: *Wortbildung*. Hrsg. von Leonhard LIPKA und Hartmut GÜNTHER (= Wege der Forschung 564),

Darmstadt, Wissenschaftliche Buchgesellschaft, 1981, S. 135–178.

AUS KARL BRUGMANNS JUGENDERINNERUNGEN

Meinen Kindern und Kindeskindern gewidmet

Ich habe wegen zweier Operationen im Frühjahr 1917 fast acht Wochen in der chirurgischen Klinik des Geh[eim-]Rats Payr[1] in Leipzig verbracht und bin vor 3 Tagen mit Mama[2] hierher[3] in das Sanatorium des Geh[eimen] Sanitätsrats Köhler gekommen, um ganz wieder hergestellt zu werden. Während jenes Liegens und Lagerns in der Klinik habe ich viel an mein vergangenes Leben gedacht. Dadurch ist mir der Gedanke gekommen, die hiesige Muße dazu zu benutzen, einiges aus meinem bisherigen Leben für Euch aufzuzeichnen, hoffend, daß darunter dies und jenes sein könnte, was Euer Interesse zu wecken im Stande wäre. Ich bin 68 Jahre alt, und da wird es Zeit, daß man etwas, was man gerne tun möchte, nicht auf die lange Bank schiebt.

* * *

---

[1] Erwin PAYR (1871–1946), bekannter Chirurg, von 1911 bis zu seiner Emeritierung 1937 Professor der Chirurgie in Leipzig. Vgl. *NDB* 20, 2001, 148 f.

[2] KB war seit Mai 1882 mit Valeska BRUGMANN, geb. BERNER (1859–1933), der Tochter des Geheimen Justizrats und Landgerichtsdirektors Fritz BERNER (1822–1900), verheiratet.

[3] An anderer Stelle erfährt man, daß KB diese Jugenderinnerungen in Bad Elster im Vogtland niederschrieb; das zu jener Zeit Königlich-Sächsische Staatsbad an der Weißen Elster hatte sich im Laufe des 19. Jahrhunderts zu einem Moorheilbad von internationalem Rang entwickelt. Dort hat der Mediziner Paul KÖHLER (1864–1940) eine Kurklinik gegründet.

Geboren bin ich am 16. März 1849 in Wiesbaden[4] in einem Haus in der Mühlgasse, das meinem Großvater Enders gehörte und dicht an das in der Burggasse gelegene, von ihm selbst bewohnte Grundstück angrenzte. Ein hinter den beiden Häusern gelegener Garten war beiden Häusern gemeinschaftlich.

Meine frühesten Erinnerungen knüpfen sich nicht an dieses mein Geburtshaus, auch nicht an meine Geschwister und Eltern, auch nicht an meine Großeltern, die damals noch alle vier in Rüstigkeit lebten, sondern an eine damals noch das Licht der Sonne schauende Urgroßmutter. Es mag wunderlich klingen, daß die ersten lebhafteren Erinnerungen sich nicht an das Leben im Elternhaus knüpfen, sondern an die Urahne, wie dann erst in zweiter Linie mir die Großeltern in lebhafterem Gedächtnis sind, diese wieder in lebhafterem als die Eltern und Geschwister. Die Deutung suche ich darin, daß das Alltägliche, d.i. eben das Leben im elterlichen Hause, sich weniger scharf der Kinderseele einprägt als das nicht Alltägliche. Denn zu den Großeltern kam ich seltener und noch seltener zu der Urgroßmutter. Diese also, die Frau Stadtschreiber und Regierungsadvocat Weinrich, die Schwiegermutter meines Großvaters Brugmann, eine im Anfang der 90er stehende Witwe, wohnte in dessen Haus in der Burggasse. Zwei Häuser weiter nach der Wilhelmstraße zu war meines Großvaters Enders Haus entfernt. Sie starb im Juli 1852 und sie steht mir vor Augen als ein Wesen mit einer richtigen Haube, wie ich dann auch meine beiden Großmütter und andere alte Damen als den ganzen Tag behaubte Frauen im Gedächtnis habe. …

[4] Zur Information über die im Text genannten topographischen Gegebenheiten von KBs Geburtsstadt Wiesbaden und deren Umgebung ziehe man am besten einen Stadtplan des 19. Jahrhunderts heran, etwa den in der 4. Auflage von Meyers Konversations-Lexikon, Band 16 (Leipzig/Wien 1890), neben S. 619. KBs Geburtshaus ist Mühlgasse 3. – Wiesbaden, das damals weniger als 20.000 Einwohner hatte, war bis 1866 Hauptstadt und mit Schloß Biebrich Residenz des Herzogtums Nassau, kam nach dessen Annexion durch Preußen zur preußischen Provinz Hessen-Nassau und wurde Hauptstadt des Regierungsbezirks Wiesbaden.

Mein Großvater Brugmann – der sich übrigens gleichwie mein Vater bis zu meiner Verheiratung (Mai 1882) nicht so, sondern Brugman schrieb –, mit Vornamen Heinrich, war 1784 in Kirchheim-Bolanden[5] geboren und starb am 3. April 1869 in Wiesbaden. Sein Vater Herman Diederick Brugman war Holländer. Geboren im Haag 1745, war er Kammerdiener und Hofkassierer beim Fürsten von Nassau-Weilburg[6], gab diesen Dienst aber „in Gnaden entlassen" 1780 auf, siedelte nach Kirchheim-Bolanden in der Pfalz über und gründete dort eine Weinhandlung und heiratete Dorothea Caroline Siegler. …

Seine Beziehungen zum Fürsten Nassau-Weilburg gab er darüber nicht auf, vielmehr scheint er in späteren Jahren wieder irgendeine Stelle an dessen Hof bekommen zu haben und starb 1823 zu Weilburg. Die holländischen Vorfahren lassen sich bis ungefähr 1600 zurückverfolgen. …

Großvater Brugmann war zunächst Handelsbeflissener, kam dann aber mit 19 Jahren auf Grund der Beziehungen seines Vaters zum Nassauischen Fürstenhaus nach Weilburg an den Hof, wo er als „Kammerdiener" seine langjährige Laufbahn im Dienste der Fürsten (bald darauf Herzöge[7]) von Nassau begann. Wie sein Vater wurde er

---

[5] Kirchheim-Bolanden in der Pfalz gehörte seinerzeit zur Herrschaft Nassau-Weilburg und war Residenzstadt, bis Fürst Wilhelm 1794 die Stadt vor den französischen Revolutionstruppen verließ; durch den Frieden von Lunéville 1801, als alle linksrheinischen Gebiete an Frankreich fielen, ging die Stadt für die Nassauer verloren. Hierin dürfte der Anlaß für die neuerliche Übersiedlung Herman BRUGMANs nach Weilburg an der Lahn zu suchen sein, die nach der BRUGMANNschen Familienchronik um die Jahrhundertwende erfolgt ist.

[6] In der Zeit von KBs Urgroßvater (Herman Di(e)deri(c)k BRUGMAN) und Großvater (Heinrich BRUGMAN) regierten die Fürsten Karl Christian (1753–1788) und Friedrich Wilhelm (1788–1816). Herman Diderik BRUGMAN war Herzoglich Nassauischer Hofkassierer, „Schatullrechner" und Kammerherr; er ist nach dem Haager Taufregister de facto 1743 geboren.

[7] Das aus den Teilfürstentümern Nassau-Usingen und Nassau-Weilburg gebildete Fürstentum Nassau wurde beim Beitritt zum Rheinbund zum Herzogtum angehoben. Als im März 1816 mit Friedrich August von Nassau-Usingen der letzte Sproß dieser Linie starb, wurde diese Herrschaft mit Nassau-Weilburg vereinigt, wo nach dem Tod von Friedrich Wilhelm von Nassau-Weilburg, Friedrich Augusts Vetter, im Ja-

bald Hofkassierer und genoß nicht nur bei den Fürsten selbst, sondern auch bei deren Verwandten bis zu seinem Tode (1869) in allen Geld- und Finanzangelegenheiten das größte Vertrauen. Vom Herzog Adolf erhielt er den Titel Rechnungsrat und von ihm selbst und von Verwandten von ihm verschiedene Ordensauszeichnungen. Die Verwaltung eines Teils des Privatvermögens[8] des Herzogs Adolf[9], die er bis zu seinem Lebensende in Händen hatte, ging nach seinem Tode auf meinen Vater und nach dessen Tode teilweise sogar noch auf meinen ältesten Bruder Hugo[10] über. Großvater Brugmann war ein strengrechtlicher, etwas schwerblütiger, wenig zu Scherzen aufgelegter, doch gegen uns Kinder immer gütiger und wohlwollender Herr. Verheiratet war er mit Christiane Johannette Polyxena Weinrich, die 1859 starb und deren ich mich als einer stillen, gütigen, durchaus häuslichen und hausmütterlichen Frau erinnere. Von Weilburg siedelten meine Großeltern, ich weiß nicht wann, nach Wiesbaden über, wo der Herzog Adolf residierte. ...

Großvater erzählte gerne Begebenheiten aus seiner Vergangenheit. Die Schlacht bei Waterloo machte er im Gefolge des Herzogs von Nassau mit. Unmittelbar nach der Schlacht wurde er gleichzeitig mit einem oder zwei andern als Bote zu Pferd nach dem Haag gesandt, um

---

nuar 1816 dessen Sohn Wilhelm I. Herzog geworden war. Hauptstadt von Nassau wurde Wiesbaden, wo der Herzog aber nur zeitweise residierte.

[8] Vgl. die folgende Anm. 9.

[9] Auf Herzog Wilhelm I. (1816–1839) folgte sein Sohn Adolf V. (1839–1866), der 1866 bei den Auseinandersetzungen zwischen Preußen und Österreich um eine Reform des Deutschen Bundes (unter Ausschluß Österreichs) zusammen mit den süddeutschen Staaten auf Österreichs Seite trat. – Herzog Adolf verlor 1866 infolge der Annexion Nassaus durch Preußen seinen Thron und gab seine Ansprüche auf die Herrschaft gegen Zahlung einer Entschädigung auf, behielt aber die in den Erbverträgen des Hauses Nassau geregelte agnatische Anwartschaft auf Luxemburg (das damals die weibliche Erbfolge noch nicht kannte) für den Fall des Erlöschens der Linie Nassau-Oranien im Mannesstamm. Dadurch konnte er 1890 beim Tod von Wilhelm III. von Nassau-Oranien, König der Niederlande und Großherzog von Luxemburg, dessen Nachfolge als Großherzog von Luxemburg (1890–1905) antreten.

[10] Hugo BRUGMANN (1846–1900), das älteste Kind Wilhelm BRUGMANNs, war Revisor des Großherzoglich Luxemburgischen Hofmarschallamtes.

die Siegesnachricht zu überbringen. Nach einem scharfen Ritt war er der erste, der hinkam, und zum Lohn dafür schenkte ihm der Herzog eine goldene, mit Steinen verzierte Vorstecknadel, die Großvater mir zur Einsegnung verehrte. Ich habe sie zeitlebens getragen und benutze sie noch gelegentlich. ... 1866, als Nassau mit Österreich ging[11], kam es, da mein Großvater völlig antipreußisch war, mein Vater aber eine Art Mittelstellung einnahm und wir älteren Jungen auf Seiten Preußens standen, oft genug zu erregten Debatten. Schließlich verbot mein Vater uns Jungen strengstens jede Beteiligung an den abendlichen Gesprächen, sobald diese eine politische Wendung nahmen. Daß wir Jüngeren uns leicht in die neuen, preußischen Verhältnisse schickten – Frühjahr 1867 traten mein älterer Bruder Hugo und ich als Einjährig-Freiwillige in Halle ein, und auch mein Vater hat, obwohl er während und nach der Besetzung von Wiesbaden durch die Preußen in Ausübung seines Amtes als nassauischer Staatskassendirektor schwere Zusammenstöße mit der preußischen Regierung hatte, allmählich seinen Frieden mit Preußen gemacht –, war dem alten Herrn, dessen ganzes Leben dem Hause Nassau gewidmet war, eine bittere Erfahrung. Der Verkehr mit dem ehrwürdigen Herrn wurde auf diese Weise zuletzt recht schwierig, sobald Politisches in Frage kam. 1869 starb er, 85 Jahre alt. ...

Während meine Vorfahren väterlicherseits uns nach Holland geführt haben, stammten die meiner Mutter, einer geb[orenen] Enders, aus Thüringen. Die Berufsarten dieser Ahnen waren ebenso mannigfaltig wie die der väterlichen Linie. ...

Großvater Enders kam in jüngeren Jahren nach Wiesbaden, wurde Buchdruckereibesitzer, erwarb mehrere Häuser und brachte es zu größerem Wohlstand. ... Beim Großvater wurde namentlich das „Wies-

[11] Nachdem im Deutschen Krieg von 1866 durch die Schlacht von Königgrätz am 3. Juli 1866 die Entscheidung zugunsten Preußens gefallen war, wurden Teile des Herzogtums Nassau, darunter Wiesbaden, Ende Juli von den Preußen besetzt; am 3. Oktober 1866 wurde es vom Königreich Preußen annektiert.

bader [sic] Tagblatt“[12] gedruckt, dessen Besitzer er auch eine Zeitlang war, bis es in die Hände des Buchhändlers Schellenberg überging. In der Druckerei und um das Haus soll es in dem Revolutionsjahr 1848 sehr stürmisch zugegangen sein; seine Eltern erzählten oft davon. … Nach dem Tod der Großmutter Enders (1855), die wie so viele alte Frauen unserer Verwandtschaft und Bekanntschaft ich mir nur als mit einer großen Haube angetan vorstellen kann, führte im Hause des Großvaters die alte Margarete (Margret) aus Meisenheim an der Nahe[13] das Regiment, von uns Kindern namentlich wegen ihrer Kochkünste hochgeschätzt. Sie war noch persönlich mit Goethes Friederike Brion[14] bekannt und wußte von ihr mancherlei zu erzählen. Im Dienste meiner Großeltern hat sie weit über 30 Jahre gestanden.

* * *

Und nun zum Elternhaus selbst!

Mein Vater, Carl Wilhelm Heinrich, war geboren am 2. Jan. 1817 in Weilburg als das dritte von 8 Kindern seiner Eltern. Zu Weilburg besuchte er ein „Privatpädagogium“ von 1826–30 und, als seine Eltern 1830 nach Wiesbaden übersiedelten, von 1830–32 hier das „Pädagogium“, ferner nach der Rückkehr der Familie nach Weilburg hier noch ein Jahr das „Gymnasium“. Mit 16 Jahren trat er Ostern 1833 als „Forsteleve“ beim Oberförster Krückenberg in Idstein (4 Stunden von Wiesbaden entfernt) ein, um Forstwissenschaft zu studieren, zog sich aber im Winter 1833/34 bei den Arbeiten im Walde einen so heftigen Rheumatismus zu, daß er diese Laufbahn aufgeben mußte. … Alle paar Wochen bekam er die heftigsten Schmerzen, und oft lag er deswegen mehrere Tage zu Bett, bis er wieder arbeitsfähig wurde. Ver-

[12] Das „Wiesbadener Tagblatt“ erscheint seit 1852; noch 1927 (zum 75. Jahrestag der Gründung) kam es in der „L. Schellenberg’schen Hofbuchdruckerei“ heraus.

[13] Meisenheim liegt am Glan, der nördlich davon in die Nahe mündet.

[14] Friederike BRION (1752–1813), die Pfarrerstochter aus Sesenheim, zu der Johann Wolfgang VON GOETHE in Liebe entbrannt war, der dieses Liebesverhältnis in *Dichtung und Wahrheit* geschildert hat.

schiedene Male besuchte er Bäder, Nenndorf, Boppard usw., doch immer ohne wesentlichen Erfolg. Seinem Humor taten die Schmerzenstage wenig Eintrag, es war freilich meist Galgenhumor. ... 1834 trat Vater als „Gehilfe" bei der Rezeptur[15] in Wiesbaden ein, wurde 1836 „Diurnist" bei der Rechnungskammer in Wiesbaden, 1837 „Accessist" bei der herzogl[ichen] Staatskassendirektion ebenda, bekam 1840 den Titel „Probator", 1845 „Staatskassenbuchhalter", 1860 „Revisionsrat". Über ihm stand ein Staatskassendirektor, ein alter Herr namens Haut, für den diese Stelle nur eine Sinekure war, da die ganze Arbeit dieser Behörde von meinem Vater und einem unter ihm stehenden Beamten besorgt wurde. Meinem Vater wurde 1862 mit dem Titel „Rechnungsrat" die Leitung der Staatskasse auch förmlich übertragen. Den Titel „Staatskassendirektor" konnte er zuerst nicht bekommen, weil die Direktorialstelle bis dahin immer nur in den Händen eines „studierten" Beamten gewesen war. Die anderen höheren studierten Beamten des Herzogtums, besonders meines Erinnerns der Regierungsdirektor Werren[16], widersetzten sich dem Aufsteigen Vaters aus der Klasse der Subalternen in die der höheren Beamten, die „Kollegialräte" hießen. Doch wurde diese Erhöhung 1863 durch persönliches Eingreifen des Herzogs (Adolf) dennoch vollzogen. Wir Kinder waren besonders stolz, als Vater sich nunmehr eine mit Gold-

---

[15] „Rezepturen" waren in der sehr komplexen nassauischen Verwaltungsstruktur (vgl. Eckhardt TREICHEL, *Der Primat der Bürokratie. Bürokratischer Staat und bürokratische Elite im Herzogtum Nassau 1806–1866*, Stuttgart 1991) lokale Behörden der Finanzverwaltung, während die oberste Instanz der zentralen Finanzverwaltung die „Rechnungskammer" war. „Diurnisten" waren Bedienstete der alleruntersten Stufe („Privatgehilfen") für Hilfsdienste bei Zentralbehörden, die für einen Taglohn arbeiteten (was den Titel erklärt); die nächsthöheren Rangstufen sind „Akzessist" und „Probator" (vgl. die Tabelle bei TREICHEL, a.a.O., 356). Dafür, daß sich in der Finanzverwaltung „selbst Nichtakademikern die Chance bot, in hohe Stellen, ja sogar Führungspositionen aufzurücken", wird gerade Wilhelm BRUGMANN (1817–1888) von TREICHEL, a.a.O., 461, 520 als Beispiel angeführt.

[16] Joseph WERREN (1810–1881), leitender nassauischer Ministerialbeamter und erzkonservativer Politiker; nach der Revolution von 1848/49 der führende Kopf der Reaktion; 1864–1866 Regierungsdirektor.

stickereien reichlich versehene Uniform beschaffen mußte mit Degen und einer Art Dreimaster.

Interessante Erlebnisse kamen für Vater u[nd] seine Familie, als 1866 Nassau auf der Seite von Österreich in den Krieg eintrat. Preußisches Militär zog, von Schierstein her anrückend und dabei von vielen Wiesbader Knaben und Jünglingen auf der Schiersteiner Höhe freundlich begrüßt (ich war auch dabei), in Wiesbaden ein. Noch denselben Tag kam ein Offizier in unser Haus, um meinen Vater abzuholen zum Staatskassengebäude, auf daß er das vorrätige Staatsvermögen ausliefere. Mein Vater ging also mit und übergab 1 Gulden 26 Kreuzer als den derzeitigen Kassenbestand. Das Übrige hatte Vater am Tage zuvor nach Frankfurt zum Bankhaus Rothschild gebracht mittels eines kleinen Extrazugs (Lokomotive und Personenwagen), der schon tagelang, von Soldaten bewacht, zur Abfahrt von Wiesbaden auf dem Taunusbahnhof bereit gestanden hatte. Meinem Vater wurde nun unter Ablegung des Ehrenwortes auferlegt, sich nie von der Wohnung weiter zu entfernen, als der Stadtbereich war, und jedesmal zu hinterlassen, wo er rasch zu erreichen sei, wenn man seiner bedürfe. Als preußischer Kommissar wurde ein Präsident v. Diest[17] eingesetzt, der im Ministerialgebäude in der Luisenstraße, wenige Häuser von unserm Haus entfernt, sein Büro hatte. Wegen Einziehung aller noch auf den 28 Rezepturen der 28 „Ämter" des Herzogtums lagernden Gelder und ähnlicher Geschäfte wurde nun Vater durch eine Reihe von Wochen fast täglich zu v. Diest geholt, stets durch einen Offizier. Es kam sehr rasch zu ärgerlichen Szenen zwischen v. Diest und meinem Vater. Ob die Schuld hieran mit bei meinem etwas temperamentvollen Papa gelegen hat, lasse ich unentschieden. Jedenfalls kam mein Vater öfters zornschnaubend nach Hause, wobei er den Preußen gewöhnlich „das Biest" betitelte. Eines Krachs besinne ich mich genau, als statt

[17] Gustav v. DIEST (1826–1911), hoher preußischer Staatsbeamter: 1858 Landrat des Landkreises Wetzlar, 1866 Zivilkommissar für Nassau, 1867–1869 Regierungspräsident in Wiesbaden, darnach in Danzig und Merseburg, zeitweise Mitglied des Reichstages, ab 1894 Mitglied des Preußischen Herrenhauses.

des Offiziers ein Feldwebel, um Vater zu Herrn v. Diest abzuholen, ankam und mein Vater sich weigerte mitzugehen, weil er seinem Rang nach Anspruch darauf hatte, von einem Offizier abgeholt zu werden.

In diese Zeit fiel auch – was gleich hier mit erzählt sein mag – die Einquartierung, die unser Haus wie die ganze Stadt reichlich bekam, und die Belagerung von Mainz, die bei vielem Radau, den sie verursachte und der sich bis Wiesbaden erstreckte, eine ziemlich belanglose Kriegsaktion war. Wir hatten fünf oder sechs Kavalleristen mit einem Wachtmeister im Quartier. ... Im übrigen standen wir mit den verschiedenen Einquartierungen immer auf bestem Fuß; jedenfalls ließ mein Vater seinen Zorn auf v. Diest nie entgelten, sondern spendete reichlich Bier, Zigarren u. dgl. und unterhielt sich oft mit den Leuten.

Wegen des Konflikts mit v. Diest war mein Vater, nachdem die Annexion von Nassau proklamiert war, in ständiger Sorge, er werde von Wiesbaden weg etwa nach Gumbinnen[18] (= Sibirien nach unsern nassauischen Begriffen) versetzt werden, und so ließ er sich, obwohl erst 49 Jahre alt und durchaus arbeitsfähig, pensionieren. Dabei spielte die Erwägung eine Rolle, daß die Pensionierungsbedingungen für die Klasse der höheren nassauischen Beamten außerordentlich günstig waren. Wiesbaden, überhaupt die schöne Rheingegend, bei Verbleiben meines Vaters im Staatsdienst, verlassen zu müssen, war für meine beiden Eltern ein unerträglicher Gedanke. Ob mein Vater damit, daß er sich in den Ruhestand begab, das Richtige getroffen hatte, ist sehr zweifelhaft und war auch schon damals einigen Freunden von ihm sehr ungewiß. Denn erstens stellte sich heraus, daß mein Vater, wenn er Wert darauf legte, sehr leicht in der Provinz Hessen-Nassau hätte verbleiben können (vermutlich wäre er nach Cassel[19] gekommen); die bangen Ahnungen, fernerhin im östlichen Preußen das Leben beschließen zu müssen, waren also gegenstandslos. Und zweitens bekam, wie das so oft der Fall ist bei Menschen, die sich bei leidlicher

[18] Stadt im östlichen Ostpreußen (heute Gusev in der Oblast Kaliningrad der Russischen Föderation); Inbegriff für den entlegensten Teil Preußens.

[19] Der Name der Stadt Kassel wurde bis 1926 offiziell *Cassel* geschrieben.

Gesundheit zur Ruhe setzen, meinem Vater das Nichtstun, im Gegensatz zu vorausgegangener scharfer Tätigkeit im Amt gar nicht sonderlich. Er hatte nichts Rechtes, was sein Dasein ausfüllte. Höchstens kann zweierlei genannt werden, was ihm eine gewisse Tätigkeit schaffte. Erstlich das Wirken im Vorstand von ein paar Vereinen. Hervorzuheben ist da seine Tätigkeit im Vorstand des Nassauischen Kunstvereins, in dem er jahrelang Vorsitzender war. ... Ferner übernahm Vater auch nach seiner Pensionierung gelegentlich die Erteilung von Gutachten, in finanziellen Angelegenheiten. ...

Vater war kein sehr hochgebildeter Mann, aber pflichttreu und gewissenhaft, dabei jovial und zu Scherzen immer aufgelegt. Wir, seine Kinder, verdanken ihm alle eine sorgfältige Erziehung. Ohne die Kosten zu scheuen, war er vor allem darauf aus, uns möglichst viel und vielerlei lernen zu lassen. Obwohl er 13 Kinder hatte, lebte er doch in einem behaglichen Wohlstand dahin[20]. ...

Unsere Mutter, Christiane geb. Enders (von meinem Vater Janchen genannt), die jüngere der beiden Töchter des Buchdruckereibesitzers Enders, war am 17. Januar 1823 geboren. Über ihre Jugendjahre weiß ich nur so viel, daß sie sehr häuslich erzogen, dabei von ihren Eltern auch zu geschäftlichen Angelegenheiten herangezogen wurde. Jedenfalls war sie zeitlebens das Muster einer tüchtigen Hausfrau und Mutter, wie sie pflichttreuer kaum gedacht werden kann. Zwischen ihr und Vater bestand allzeit das beste Einvernehmen. ... Als wir Kinder erwachsen und in alle Winde zerstreut waren (Schloß Hohenburg, Mainz–Darmstadt, Leipzig–Freiburg, Frankfurt, Antwerpen usw.), blieb sie immer noch insofern der Mittelpunkt ihrer Kinderschar, als sie, eine fleißige Briefschreiberin, den Nachrichtenverkehr zwischen uns vermittelte. Ihre mit feinster Schrift geschriebenen Briefe an uns deckten immer mindestens 4 Seiten. ... Nachdem Vater gestorben und unser Haus in der Luisenstraße verkauft war, zog sie in die verlängerte Rheinstraße, wo sie ein 1. Stockwerk bewohnte und 2 Fremdenzimmer für die zu Besuch kommenden Kinder und Enkel hatte. Mit

[20] Wilhelm BRUGMANN starb 1888.

hinüber in diese Wohnung nahm sie als eine Art Stütze unser Julchen, das Dienstmädchen, das, mit meiner Mutter zusammen konfirmiert, später bei meinen Eltern in Dienst trat und weit über 30 Jahre blieb, in manchem eine Art Mittelpunkt des Hauswesens. Sie überlebte meine Mutter noch um mehrere Jahre. Ihr Leben war mit dem Hauswesen meiner Eltern so verwachsen, daß es ziemlich selbstverständlich war, daß, wenn die Söhne mit ihren Frauen oder die Töchter mit ihren Männern nach dem Tode meiner Mutter nach Wiesbaden kamen, Julchen, an das sich für jedes von uns Kindern tausend Jugenderinnerungen knüpften, in seiner Behausung aufsuchten.

Meine Mutter schenkte 13 Kindern das Leben in den Jahren 1846 bis 1866. ... Nur acht davon kamen zu Jahren; die andern fünf starben sämtlich in früher Kindheit an Lungenlähmung infolge Keuchhusten, einer Krankheit, die in den fünfziger Jahren des 19. Jahrh[underts] etwa in demselben Maße oder noch ärger unter den Kindern grassierte wie später die Diphtheritis. ...

Da unser Elternhaus erst nach dem Ableben unseres Vaters in fremde Hände überging und wir alle, die wir über die Kinderjahre hinauskamen, von ihm aus in die Fremde zogen, die Knaben des von ihnen ergriffenen Berufs wegen, die beiden Töchter durch ihre Vermählung, so steht uns allen dieses Haus im Mittelpunkt unserer Jugenderinnerungen. Das Haus war zweistöckig und war von den beiden Nachbarhäusern durch eine „Torfahrt“ (Torweg) getrennt. Als die Kinderschar sich erheblich mehrte, wurde die an das Göllnersche[21] Nachbarhaus gelegene Torfahrt von meinem Vater in der Art überbaut, daß im Erdgeschoß zwei, im ersten Stock drei Zimmer neu hinzukamen. Hinter dem Haus befand sich ein gepflasterter Hof, auf dessen einer Seite eine „Remise“ (im Wesentlichen zur Aufbewahrung des Brennholzes) lag, während auf der andern Seite sich ein zweistöckiges Hinterhaus befand, das nicht dicht an das Haupthaus angebaut, sondern durch das „Gängelchen“ von ihm getrennt war. Hinter dem Hof lag ein Garten,

[21] Die Schwester von KBs Mutter, Theodore ENDERS (1821–1849), war mit dem Revisionsrat Carl GÖLLNER (1809–1877) verheiratet.

der nach der Nachbarschaft zu teils von Mauern, teils (nach dem Göllnerschen Haus zu) durch ein hohes Staket abgeschlossen war. Der Garten lag ungefähr 1½ Meter höher als der Hof.

Als Knabe bin ich stets ein rechter „Bastelfritze“ gewesen. Wenn es irgend etwas technisch herzustellen gab, womit man, wenn es fertig war, etwas „anfangen“ konnte, trieb es mich, es anzufertigen, wenn ich einigermaßen mir die Rohstoffe verschaffen konnte: Drachen, „Hipperts“[22] (aus Knochen der Gans), Feuerspritzen usw. usw. In glücklichster Stimmung war ich dann, wenn der beabsichtigte Erfolg erreicht war. Oft baute ich Papierdrachen, die doppelt so hoch waren wie ich selber. Ging dann der Drachen im Herbst auf dem Stoppelfeld glücklich in die Höhe, so war ich froher und stolzer als je sonst. Stundenlang konnte ich den Drachen in der Luft halten. Solche Gefühle erreichten Zieles beseligten mich mehr, als wenn es mir im späteren Leben geglückt war, irgend etwas Großes zum Ende zu bringen, z.B. mehr als der Abschluß der Neubearbeitung meines mehrbändigen Grundrisses oder dgl.

Wir bewohnten immer nur ein Stockwerk des Haupthauses, zuerst das Erdgeschoß, später, die längste Zeit, das 1. Stockwerk. ... Die Haupttummelplätze unserer jugendlichen Betätigungen waren das „Kämmerchen“ (ursprünglich ein Pferdestall), eine Stube im Erdgeschoß des Hinterhauses, die uns zu unseren Basteleien eingeräumt war und allerlei Handwerkszeug barg, von niemand, glaube ich, fleißiger besucht und in Anspruch genommen als von mir, und der Garten. In diesem befanden sich links vom Eingang ein Rasenplatz, von uns der „Wasem“ genannt, nach hinten zu Beete mit kleinen Obstbäumen (Mirabellenbäume u. dgl.), vorn ein mit Kies bestreuter Platz, worauf allerlei Turngeräte, namentlich eine große Schaukel; in einer Ecke rechts eine Laube; eine zweite Laube im hinteren Teil an den „Wasem“ angrenzend.

---

[22] Mundartwort, das abgeleitet ist von *Hippe*, der Bezeichnung für sichelförmige Messer, wie sie von Gärtnern und Winzern verwendet werden.

Das Hauptstück des Gartens aber war ein mächtiger Birnbaum, der einen großen Teil des Gartens beschattete. Ich darf sagen, daß in den Ästen dieses Baumes ein Teil meiner Knabenjahre sich abgespielt hat. Von unten ein dicker Stamm bis zu etwa 2 Meter Höhe; von da aus ragten nach allen Seiten und zugleich aufwärts starke Äste, an denen sich bequem bis in das kleinere Gezweig hinaufklettern ließ. Ob es noch ein Überrest der Verehrung war, die die älteren Germanen den großen Bäumen darbrachten, oder gar ein Nachklang der Abstammung des Menschen vom Affen, jedenfalls war mir der Aufenthalt in dem Geäst und Gezweig des Birnbaums, sei es auch ohne besonderen Zweck, durch Jahre hindurch immer ein besonderer Genuß. Jedes Jahr versandte Mutter Birnen an alle Kinder. Jährlich ca. 26 Körbe Birnen. Von einem der in etwa 2 Meter Höhe seitlich aussetzenden Äste hing meist ein Strick herab, mittels dessen man leicht in den Baum hineinkam, und in seinen oberen Teilen hatten wir Jungen uns mit Brettern und Stricken Sitzplätze zurecht gemacht. Da hab ich dann oft genug z.B. das Auswendiglernen für die Schule im Baum erledigt. Oder er bildete auch bei gewissen geistigen Erregungszuständen eine Art Zufluchtstätte. ... Mit einem als Ferienbesuch bei uns wohnenden Jungen (Steubing aus Idstein) gingen wir Brugmannsjungen geführt von unserem Hauslehrer spazieren. An einem Bachrand entlang gingen mein Bruder Oskar[23], daneben ich, neben mir der Besuchsjunge. Letzterer schubste mich, ich infolge rein mechanischer Fortpflanzung Oskar und dieser fiel dann in den Bach und zwar so auf einen spitzen Stein, daß eine größere Wunde am Oberarm entstand. Wir alle eiligst nach Hause. Der Hauslehrer bezeugte meinem Vater nur – denn mehr hatte er nicht gesehen –, daß <u>ich</u> Oskar in den Bach geschmissen hätte. Ich wurde zu Oskar, der gleich in's Bett gesteckt wurde, an's Bett geführt, mußte ihn um Verzeihung bitten, und da ich Wilhelm Steubing nicht verpetzen wollte, dieser übrigens auch keineswegs den Sachverhalt

[23] Dr. phil. Oskar BRUGMANN (1851–1937), fünftes Kind Wilhelm BRUGMANNs, Klassischer Philologe, war Gymnasialprofessor in Leipzig; er wurde 1874 aufgrund einer Dissertation zu einem altlateinischen Thema promoviert.

aufzuklären Miene machte, so war ich eben der Missetäter, und erschütterten Gemüts zog ich mich in den Birnbaum zurück, in dem ich wohl über eine Stunde sitzen blieb, meiner Missetat nachsinnend. Übrigens kam die Wahrheit den nächsten Tag doch noch ans Licht. Seltsam ist, daß ich, der unsern Birnbaum vielleicht mehr als irgend ein anderer verehrte, nach langen Jahren zu seinem Begräbnis gerade zurecht kam. Als ich mehrere Jahre nach dem Verkauf des Elternhauses mit Walter[24] auf einige Tage in Wiesbaden war, zeigte ich ihm mein Elternhaus. Wir gingen auch in den Garten und da waren Holzhauer gerade dabei den Baum niederzuschlagen; die größten Äste lagen schon am Boden. Er wurde nicht etwa aus Altersschwäche gefällt, sondern weil er einem Haus, das dicht bei unserem Garten errichtet wurde, im Wege war. Merkwürdig ist, daß diese meine Baumverehrung sich auf meinen jüngeren Sohn Fritz[25] übertragen hat. Wie oft hat er als Junge auf einem – recht ansehnlichen – Apfelbaum in unserm Garten im Johannistal ohne ernstere Zwecke gesessen. ... Augenscheinlich Vererbung und Bestätigung der Vermutung, daß meine Vorliebe fürs Baumbesteigen als Atavismus (Abstammung des Menschen vom Affen) aufzufassen ist. Auch Walter saß in der Auenstraße im Garten, mit Vorliebe auf Bäumen.

Die vielen Krankheiten unter uns Kindern – namentlich der fast nie abreißende Keuchhusten, dem keines von uns 13 entging – beeinträchtigten wenig die Fröhlichkeit, in der wir heranwuchsen. Ich selbst machte nur die gewöhnlichen Kinderkrankheiten durch, bis es mich dann, als ich in der Oberprima saß, noch einmal energischer packte. Eine Kopfrose hatte eine Knochenhautentzündung am Ober- und Unterkiefer im Gefolge. Ich lag im Herbst[26] fast ¼ Jahr lang meist zu Bett. Damals wurde mir die merkwürdige Form meiner Nase durch

---

[24] Professor Dipl.-Ing. Walter BRUGMANN (1887–1944), Architekt und Stadtbaurat, war KBs ältester Sohn.

[25] Dipl.-Ing. Friedrich Karl BRUGMANN (1898–1945) war Direktor des SIEMENS-Werkes Apparate und Maschinen in Berlin-Lichterfelde.

[26] Gemeint ist Herbst 1866.

Ungeschicklichkeit des Arztes beschert. Er ließ Wochen lang heiße Breiumschläge über das Gesicht machen in der Weise, daß dadurch die Nase plattgedrückt wurde und ein Nasenknorpel aus seiner natürlichen Lage kam. Der dauernde Schade zeigte sich erst, als ich die Krankheit überwunden hatte. Mein Gesichtsausdruck war ein ganz anderer geworden. Insbesondere grämte sich meine gute Mutter über die Entstellung, über die Verwandlung meiner apollinischen Nase in das nunmehr fürs ganze Leben angedokterte Scheusal. Sie soll bittere Tränen darüber vergossen haben. ...

In jenen bösen Wochen meiner Krankheit war Mainz belagert, und ein Pulverturm auf der Schiersteiner Höhe flog mit einer Wucht in die Luft, die einen großen Teil der Fenster in der Rheinstraße zertrümmerte. Das Denkwürdige dabei war für mich, daß in dem Augenblick der Explosion meine Mutter mir gerade einen Eßlöffel Medizin geben wollte und im Schreck über den Knall mir den ganzen Löffel über das Gesicht ausgoß. Bemerkt sei zu dieser Erkrankung noch, daß sie meine einzige ernstliche verblieb bis zu den Wochen, in denen ich in Leipzig im Alter von 68 Jahren zu einer Prostataoperation in die Klinik wanderte. ...

Da gerade von körperlicher Schädigung die Rede ist, mag noch eine andere „Verstümmelung“, die ich mir als kleiner Junge zuzog, zur Sprache kommen. Unserm Haus gegenüber wohnte der Dachdeckermeister Bekel, der einen bitterbösen Hund hatte, der sich Hektor schrieb, den wir Kinder aber den „Heckes“ nannten. Ich hatte mich einmal in dem Bekel'schen Hof in seine Nähe geschlichen und warf ihn mit einem Schieferstein aus den Vorräten seines Herrn. Das Biest nun gleich auf mich zu. Ich ausreißen und der Länge nach auf die Erde fallen. Der Hund, herangeschossen kommend, riß mir dann das linke Ohrläppchen ab. Noch bis heute ist es nicht nachgewachsen.

Wie meine Mutter zur Unterstützung in der Haushaltung Jahre hindurch neben Julchen eine – wie man jetzt sagen würde – Stütze hatte (es waren jüngere Damen aus mit uns näher bekannten Familien), so erleichterte sich mein Vater, der in der Regel erst kurz vor dem

Abendessen vom Büro nach Hause kam, das Erziehungswerk bei seinen vielen Buben dadurch, daß er uns einen Hauslehrer hielt. Es waren das immer Volksschullehrer, die, im Amt stehend, uns gegen Abend ihre Zeit zu widmen hatten und teils unsere Schulaufgaben kontrollierten, teils auch mit uns spazieren gingen (zu letzterem waren sie aber meines Erinnerns nicht ausdrücklich verpflichtet). Sie hatten bei uns Wohnung, in einer der, übrigens ganz ansehnlichen, Dachmansarden. Am besten sind mir die Herren Bender, Jürgens und Feist in Erinnerung geblieben, von diesen wiederum am besten der erstgenannte. Er war ein starkknochiger, strammer Mann, von großer Pflichttreue und bei uns Kindern allen recht beliebt. Er war Stenograph und zwar Stolzeaner[27] und Mitglied des Vorstandes des westdeutschen Stenographenbundes. Die Stolzeaner lagen damals, wie wohl nie vor- und nachher, im Wettstreit mit den Gabelsbergeranern, und es mag wohl der Gedanke, zu zeigen, daß das Stolzesche System schon Kindern ganz wohl und ohne größere Mühe beigebracht werden könne, gewesen sein, was Bender veranlaßte, mich schon im 8. Jahre meines Daseins in der Schnellschriftkunst zu unterrichten. Zehn Jahre alt war ich so weit, daß ich eine Predigt eines Wiesbader Geistlichen (Köhler) während des Gottesdienstes nachschreiben konnte. Nach Umschrift in die gewöhnliche Schrift bescheinigte der Geistliche, daß das Wort für Wort seine Predigt sei. Das trug mir zweierlei ein. Erstens einen Dukaten vonseiten meines Vaters für meine Sparbüchse.

---

[27] Unter den vielen Kurzschriftsystemen, die auch in Deutschland geschaffen wurden, hat sich als erstes das von Franz Xaver GABELSBERGER (1789–1849) entworfene und 1834 veröffentlichte kursive Schriftsystem in weiteren Kreisen durchsetzen können. Kurz darnach hat Wilhelm STOLZE (1798–1867) ein eigenes System entwickelt, das durch größere Genauigkeit und Regelmäßigkeit Schwächen des GABELSBERGERschen Systems zu beseitigen suchte. Dies war der Stand der Dinge um 1857/59. Später (1887) wurde STOLZEs System durch Ferdinand SCHREY (1850–1938) weiterentwickelt, aus dessen vereinfachter Stenographie dann 1897 das 'Einigungssystem STOLZE–SCHREY' entstand und schließlich 1924 die sog. Deutsche Einheitskurzschrift, die im Formalen weitgehend GABELSBERGER und im strukturellen Aufbau stärker STOLZE–SCHREY folgt.

Das zweite war eine Reise nach Cöln[28]. Dort war zu Pfingsten eine westdeutsche Stenographenversammlung. Zu der mußte Bender als Vorstandsmitglied fahren, und er erbat sich von meinen Eltern, mich mitnehmen zu dürfen, um mich als lebendigen Beweis für die Möglichkeit, schon Kindern die Kunst beizubringen, den Versammelten vorzuführen. Mein Vater, wohl etwas durch Stolz auf sein Söhnchen angekränkelt, willigte ein. In Cöln nun hatte Bender als Mitglied des Vorstandes keine Zeit, sich dauernd um mich zu kümmern, übergab mich also folgerecht irgend welchem Bekannten, daß der mich in Obhut nehme. Da nun ein großer Teil der Veranstaltungen in Kneipereien bestand, so gaben die Herren, die sich mit mir Kleinem unter den Großen einließen, ihrer Zuneigung zu mir insbesondere dadurch Ausdruck, daß sie mich trinken ließen aus ihrem Glas oder einem eigens für mich bestellten. Jedenfalls war mein Kopf in den drei Tagen dauernd in einer durchaus nebelhaften Verfassung. ... Der Rückweg nach Wiesbaden geschah zu Schiff, und ich lag auf der ganzen Fahrt bis Biebrich, wo es zur Eisenbahn nach Wiesbaden überging, mit dem elendsten Katzenjammer in der Kajüte. Daß meine Eltern, vor deren Angesicht ich immer noch nicht in normaler Verfassung zurückkam, nicht gerade erbaut waren von dieser Kunstreise, brauche ich wohl nicht näher zu schildern. Wir alle, auch die Eltern, blieben übrigens dauernd gut Freund mit dem tüchtigen Lehrer. ...

Die Stenographie habe ich bis heute für alles beibehalten, was ich für mich allein aufschrieb, z.B. für die Kollegienhefte. Dabei habe ich aber bald allen Zusammenhang mit anderen Stenographen aufgegeben und mir eine Masse von Zeichen selbst zurechtgemacht, also daß, wie ich glaube, seit langem kein anderer Stolzeaner meine Schrift entziffern kann. ...

Meine Eltern huldigten dem Grundsatz, uns Kinder in der Jugend möglichst vielerlei lernen zu lassen, da man nicht wissen könne, womit man sich dereinst sein Brot zu verdienen haben werde. So bekamen wir außer dem, was die Schulen boten, noch mancherlei ande-

---

[28] *Cöln* ist die alte, bis 1919 weit verbreitete Schreibung des Namens der Stadt Köln.

ren Unterricht. So Musikunterricht, ich, wie noch andere Geschwister, Klavierstunde, während Hugo geigte. Leider bemühten sich meine Eltern hierbei, wie auch in andern ähnlichen Beziehungen, als Lehrkräfte solche Personen zu nehmen, denen durch Übertragung des Unterrichts zugleich eine pekuniäre Wohltat erwiesen werden könne, wobei dann die Rücksicht auf diese Wohltat gewöhnlich eine größere Rolle spielte als die fachliche Geeignetheit der Lehrpersönlichkeit. ...

Aber zu etwas Ordentlichem hat es keines von uns Kindern in der Musik gebracht trotz musikalischer Begabung. Ich kam bis zu den Beethovenschen Sonaten, auch allerlei vielleicht minder bedeutendes [sic], wie Hensels[29] Vöglein-Etude, doch schlief mein Klavierspiel von der Studentenzeit an, obwohl ich mir in dieser, wie auch noch später in meiner Junggesellenzeit, ein Klavier mietete, mehr und mehr ein. Nach meiner Verheiratung beschränkte ich mich mehr und mehr darauf, gelegentlich am Klavier zu „phantasieren“.

Ich hatte eine nicht ganz schlechte Tenorstimme und wirkte deshalb in den 3 Semestern meines Universitätsstudiums in Halle in dem studentischen Gesangverein Fridericiana mit, dessen Leiter damals der berühmte Komponist Robert Franz[30] war. Als Gymnasiallehrer und als Privatdozent in Leipzig sang ich wohl zwei Jahre in dem Bachverein mit, der im Hause der Frau Holstein seine Übungen abhielt und in jener Zeit von v. Herzogsberg [sic][31] dirigiert wurde. Ich trat aus, weil wir in der Regel nur 2–3 Mann im Tenor waren gegen 15 und mehr Bassisten und ca. 25 Sopranistinnen und ebenso viele Altistinnen. Nachdem ich mich bei den Proben mehrmals heiser gesungen hatte und einmal ganz allein gegen alle andern Stimmen anzubrüllen hatte,

---

[29] Fanny HENSEL, geb. MENDELSSOHN BARTHOLDY (1805–1847), Komponistin und Pianistin, ältere Schwester des Komponisten Felix MENDELSSOHN BARTHOLDY. Vgl. *NDB* 17, 1994, 52 f.

[30] Robert FRANZ, eigentlich Robert Franz Julius KNAUTH (1815–1892), seinerzeit berühmter Liederkomponist, 1859–1868 Universitätsmusikdirektor in Halle.

[31] Heinrich v. HERZOGENBERG (1843–1900), Komponist, der 1874 zusammen mit Franz v. HOLSTEIN (1826–1878) – vgl. *ADB* 13, 1881, 1 f. – und anderen den Leipziger Bach-Verein gründete und dann auch leitete. Vgl. *NDB* 8, 1969, 743 f.

wurde mir das Vergnügen zu bunt, und ich sagte der Sangeskunst für immer Valet.

Eine andere Kunst, die verschiedenen von meinen Geschwistern, besonders Oskar, und auch mir früh beigebracht wurde, war der Zeichen- und Malunterricht. Wir genossen diesen hauptsächlich bei dem Maler de Laspée[32] (von uns „der Délappes" genannt), einem Schüler des Düsseldorfer Achenbach[33], außerdem auch im Gymnasium, wo dieser Unterricht ziemlich gut gepflegt wurde. Ich zeichnete mit Bleistift, Kreide, malte mit Sepia und Aquarell, besonders aber in Öl. 25 Ölbilder setzte ich in die Welt, d.h. ich kopierte nur, teils Landschaften, teils Köpfe. Ein Teil dieser Kunstprodukte begleitete mich später hinüber in den Ehestand, wo sie im Anfang noch in den besseren Zimmern geduldet, allmählich auf dem Korridor, im Mädchenzimmer usw. ihr Dasein vertrauerten. Nur <u>ein</u> Bild, eine Mondlandschaft, hilft heute noch den Salon zieren. Meine letztere umfänglichere Leistung in Öl war das Wappen der Fridericiana in Halle, das, als größeres Bild gemalt, auf der Kneipe aufgehängt wurde, aber, bei den wachsenden Ansprüchen der Neuzeit, vermutlich von dort aus auch schon in eine Rumpelkammer gekommen ist. Ich hatte einiges Geschick, in Bleistiftzeichnung die Gesichter von Personen porträtähnlich zu treffen. Ein solches Bild eines unserer Gymnasiallehrer, des Prof[essor] Kirschbaum, eine beabsichtigte Karrikatur [sic], fiel in die Hände meines Großvaters Brugmann, dem das Bild so viel Freude machte, daß er es abends in's Casino nahm und dem Prof[essor] Kirschbaum, der dort ebenfalls verkehrte, zeigte. Am andern Tag in der Schule interpellierte mich Kirschbaum wegen des Bildes. Ich bekam einen Todesschreck, war dann aber aufs angenehmste enttäuscht, als Kirschbaum sich ein halbes Dutzend Portraits derselben Sorte bei mir bestellte, um sie, wie er sagte, seinen Angehörigen schenken zu können.

---

[32] Auguste DE LASPÉE (1816–1901), Zeichenlehrer und Maler in Wiesbaden.

[33] Wohl eher der Landschaftsmaler Andreas ACHENBACH (1815–1910) als sein ebenfalls zu der Düsseldorfer Malschule gehörender jüngerer Bruder Oswald ACHENBACH (1827–1905).

Meine Malkunst vergröberte sich mit der Zeit dahin, daß sie zu bloßer Schildermalerei herabsank. Schon als Quartaner oder Tertianer tat ich diesen Schritt abwärts. Ich war damals in den Ferien zu Besuch bei dem Apotheker Rocher in Göllheim[34] in der Pfalz. Mit dessen um etwa 2 Jahre älteren Sohn machte ich viele Spaziergänge in die Umgegend. Auf einem kleinen Dorf, ich weiß seinen Namen nicht mehr, legten wir in der Wirtschaft einen Pump in Bier an, da wir fast täglich durchkamen. Bezahlen konnte ich es am Ende nicht, mein Freund trat auch nicht für mich ein, und Herr Rocher durfte es nicht wissen. So schlug ich dem Wirt vor, ich wolle ihm für sein vom Zahn der Zeit fast völlig ruiniertes Wirtshausschild ein neues malen. Er solle das Brett, die Farbe usw. liefern und ich solle meiner Schuldenlast überhoben sein. Das Schild – in der Mitte einen auf ein Bierglas springenden Bock zeigend – prangte noch nach Jahrzehnten an dem Haus, wie ich zufällig erfuhr. Die Solidität der Ausführung war hauptsächlich dadurch bedingt, daß ich die Ölfarben fingerdick aufstrich. War dies immer noch als ein Bild als Schild zu bezeichnen, so waren spätere Leistungen dieser Art immer bloß noch Buchstabenaufschriften.

In Sommerfrischen kam ich wiederholt auf diese Malereien zurück. So z.B. bei meinem 3maligen Aufenthalt in Maria Waldrast[35] bei Deutsch-Matrei um 1890. Ich hatte da mit andern Gästen zusammen einen Verschönerungsverein gegründet, der sich finanziell aus den Einnahmen der gemeinsamen Skatkasse speiste. Bretter und allerlei Holzwerk wurde uns von den Wirtsleuten, d.h. den Geistlichen des Klosters, gratis zur Verfügung gestellt. Es wurden reichlich Bänke gezimmert u[nd] an würdigen Punkten der Umgegend aufgestellt. Alle Anstreicherarbeiten fielen mir zu, der ich allerlei Sorten Ölfarben aus dem Tal heraufkommen ließ. Da gab es namentlich Wegweiser zu malen, deren einige gewiß noch heute vorhanden sind. Aber auch son-

[34] Die in der Nähe von Kirchheim-Bolanden gelegene, einst nassauische Gemeinde gehörte seit 1815 zu Bayern.

[35] Wallfahrtskirche und Kloster bei Matrei am Brenner (im Wipptal südlich Innsbruck).

stige Aufschriften liefen unter. An einem Heustadel, das [sic] am Wallfahrtsweg stand und den nach Maria Waldrast Pilgernden wohl über 20 Minuten von unten her in Sicht blieb, schrieben wir Gäste mit über Mannshöhe großen Buchstaben an „Auf der Alm da gibts koa Sünd“, aus einem bekannten Schnaderhüpfl. Diese Arbeit auf schwanker Leiter ausgeführt, nahm einen ganzen Tag in Anspruch. Am andern Tag nun schickte der Herr Dekan aus Matrei, der von der Untat gehört hatte, den Meßner zu mir herauf, das ginge nicht, einen solchen Spruch an dem Wallfahrtsweg anzubringen, und wir möchten ihn gefälligst baldigst wieder beseitigen. Das ging nun nicht an, da in der verwitterten Oberfläche der Bretter die Ölfarbe dick hatte hineingestoßen werden müssen. Ich wies auf diesen Umstand hin, worauf der Meßner sagte, das hätte er auch bereits dem Herrn Dekan gesagt, und da habe dieser bemerkt, na, da wolle er den Spruch passieren lassen, falls wir nur am Schluß das „Sünd“ in „Sorg“ verändern wollten. Das taten wir mit heißem Bemühen. Doch war ungefähr 12 Jahre später, wie ich mich persönlich überzeugt habe, die „Sünd“ wieder herausgekommen. Die wird dann wohl auch geblieben sein, und das ist im Interesse der treuen Fortpflanzung des richtigen Textes im Volksmund auch das Wünschenswerte. ...

So viel über die Pflege der höheren Künste bei uns Kindern. Außerdem bleibt noch zu erwähnen, daß mein Vater mich und einen Teil meiner Brüder bei einem Buchbinder in dessen Werkstatt die Buchbinderei erlernen ließ. Der Ertrag waren zahllose Klebarbeiten, wie z.B. Wandkörbe, die zu Geschenken verwendet wurden, und, was erklecklicher war: wir banden uns unsere Schulbücher selbst ein; damals war es noch nicht Gebrauch, wenigstens nicht durchgehender Gebrauch, daß sie gleich eingebunden vom Buchhändler geliefert wurden. Auch mag das damals sehr übliche Laubsägen erwähnt werden, dem auch wir oblagen. Ein Wandkorb, der nach dieser Technik von mir hergestellt war, hat noch Jahrzehnte ich weiß nicht mehr welchen Zimmerwänden höheres Ansehen zu verleihen gehabt.

Viel wurde von meinen Eltern auf ausgiebige Bewegung im Freien gegeben. Sonntags gab es gewöhnlich einen größeren oder kleineren Spaziergang der gesamten Familie, von dem wir uns, wenn es keinem entfernteren Ziel mit Einkehr in einem Wirtshaus galt, sondern etwa nur ein Gang nach der Adolfshöhe oder nach Sonnenberg in Aussicht stand, möglichst zu drücken suchten. Um so beliebter waren die einen ganzen Tag oder zwei Tage in Anspruch nehmenden „Partien“ etwa nach Rauental oder Schlangenbad oder Idstein u. dgl. Dazu konnten von meinem Vater natürlich nur die „Großen“, zu denen ich gehörte (Hugo, Karl, Oskar, Wilhelm, Ernst, Hermann war die Serie[36]), mitgenommen werden; denn es handelte sich um Märsche bis zu 4 oder 5 Stunden. Idstein erforderte immer zwei Tage: Es ging über den Kamm des Taunus weg, entweder über den „Trompeter“ oder über die „Platte“ (herzogliches Jagdschloß); über Nacht in Idstein verblieben wir bei Medizinalrat Grimmel, oder auch in einem Gasthaus. Solche „Partien“ unternahm mein Vater auch noch in vorgerückteren Jahren. ...

Mit mehreren befreundeten Familien außerhalb Wiesbadens, die ungefähr mit uns gleichaltrige Knaben hatten, standen meine Eltern in einem Austauschverhältnis der Art, daß in den Schulferien, namentlich in den Herbstferien, ein Teil von uns zu jenen zog und dafür wir aus der Ferne die entsprechende Quote bekamen. So lernten wir die Welt am Rhein verhältnismäßig früh kennen. Ich wurde für die Ferien, so viel ich mich besinne, verschickt nach Weilburg zu Onkel Quentel, nach Idstein (wiederholt), teils zum Medizinalrat Grimmel, teils zum Dekan Steubing, nach Hanau zum Zimtfabrikanten Mähler, nach Schwalbach zum Kaufmann Roth, nach Katzenellenbogen zum Rentmeister Otto, zu demselben nach Königstein, nachdem er dorthin versetzt worden war, und nach Göllheim in der Pfalz zum Apotheker Rocher, bekam also, für einen halbwüchsigen Jungen, ein schönes Stück Welt zu sehen. Am originellsten und am lustigsten war der Fe-

[36] Die drei jüngsten Brüder waren Wilhelm BRUGMANN (1852–1937), Kaufmann; Ernst BRUGMANN (1860–1945), Kaufmann; und Dr. jur. Hermann BRUGMANN (1862–1945), Landgerichtsrat.

rienaufenthalt bei Grimmels in Idstein. Der Alte, der seine Landpraxis zu Pferd (auf dem „Senner“, einem stark angejährten Schimmel) besorgte, nahm mich öfters mit, und da durfte ich immer ein Stück Weges reiten. Mit Grimmels Buben, lauter robusten, stark angehärteten Burschen, gingen wir oft baden, im Herbst Äpfel stoppeln, wobei es wiederholt zu Konflikten mit den Flurschützen kam, wenn wir mit den Äpfeln versehentlich auch ganze Zweige herunterholten. Auch hielt ich, wie meine Geschwister alle, gute Freundschaft mit den Töchtern des Hauses, dem „Emilchen“, das wohl jetzt noch auf dem auf sie übergegangenen Elternhaus als alte Jungfer haust, und dem „Gustel“, die einen Berliner Architekten heiratete. Beim Dekan Steubing in Idstein ging es förmlicher und feiner zu. Man mußte sich gut betragen, und so waren Grimmels bei uns Jungens beliebter als Steubings als Ferienherbergseltern. In Hanau wohnte zu der Zeit, als ich dort war, der Kurfürst[37], und es passierten mit diesem die tollsten Geschichten; freilich kamen diese Dinge fast alle nur durch Erzählungen zu meiner Kenntnis. Im Kurort Schwalbach war ich in einem Sommer oder Herbst, als die Kaiserin Eugenie[38] dort zur Kur sich aufhielt; ich konnte sie täglich sehen. Mit Karl Roth durchstreifte ich die Umgebung im weitesten Kreise; auch Fischen und Krebsen war sehr beliebt. Sehr nett war es auch beim Rentmeister Otto. In Katzenellenbogen war ich in den Osterferien zu Besuch. Da gab es Ostereier-Kippen, wie in Wiesbaden. Doch blieb mir das Katzenellenbogener Kippen dadurch besonders in Erinnerung, als ich eine große Botanisiertrommel voll gewonnener Eier als Beute mit nach Wiesbaden nahm und, als ich dort ankam, die sämtlichen Eier in der Trommel zu einem großen Brei zerquetscht waren, worüber man mich arg verspottete. ...

Daß wir Jungen alle schwimmen lernten, war bei den Grundsätzen, die meinen Vater bei unserer Erziehung leiteten, selbstverständlich.

[37] Kurfürst Friedrich Wilhelm I., Landgraf von Hessen-Kassel, Fürst zu Hanau usw. (1802–1875), der 1866 sein Land verlor, das durch Preußen annektiert wurde, und ins Exil gehen mußte.

[38] Eugénie DE MONTIJO (1826–1920), seit 1853 Gemahlin von Kaiser Napoléon III.

Wir fuhren nach dem Nachmittagsunterricht oder Mittwochs und Sonnabends, wo keine Schule war, schon früher mit der Eisenbahn nach Biebrich, wo man in der Militärschwimmanstalt von einem Unteroffizier den Schwimmunterricht erhielt. ½ Stunde mußte man gegen den Strom liegen, wodurch man sich frei schwamm. Später schwammen wir auch, 6–8 Jungen zusammen, über den Rhein nach der Rheininsel, begleitet von einem Kahn. Der Rückweg nach Wiesbaden wurde stets zu Fuß gemacht. Ein andres Vergnügen der Art war das Schlittschuhlaufen, welches entweder auf dem Kursaalteich oder auf dem Rhein betrieben wurde. Herrlich war das Laufen auf dem Rhein von Biebrich bis Schierstein am rechten Ufer entlang.

* * *

Ehe ich in die „Vorbereitungsschule", d.h. die Schule, von der aus man zum Gymnasium überging, kam, war ich einige Zeit in einer Art von Kindergarten bei einem Frl. Eibach (Untere Friedrichstraße). Die Vorbereitungsschule lag in der Neugasse. Sie wurde geleitet von einem Oberlehrer Klingelhöfer. Da ich im zweiten Schuljahr bereits reif für das vierte erschien, durfte ich das dritte überspringen und kam so ein Jahr zu früh in das Gymnasium. Es gab damals in Wiesbaden ein „gelehrtes" Gymnasium und ein Realgymnasium, beide am Luisenplatz, einander gegenüber liegend. Ich kam, wie meine Brüder, in das erstere. Der Direktor war ein steinalter, höchst altmodischer Herr, Lex[39] mit Namen. Er gebrauchte Worte, die in der jungen Generation längst ausgestorben waren, z. B. itze, anitzo, dero. Stehende Wendung war bei ihm „Anitzo könnt Ihr Euren Abtritt nehmen" = Jetzt könnt ihr gehen. …

[39] Wilhelm Karl LEX (1795–1874), Gymnasialdirektor, schrieb u.a. *Ueber Zweck, Einrichtung und Nothwendigkeit der Bürger- und Realschulen*, Wiesbaden 1843.

Nach der Pensionierung von Lex wurde der Oberschulrat Dr. Karl Schwartz[40] sein Nachfolger, ein Mann, unter dem die Schule wohl zwar an Schülerzahl wuchs, aber sicher nicht an innerer Tüchtigkeit und Würde. Schwartz, ein ultramontaner Katholik, Bruder eines preußischen Generals der Artillerie[41], war ein eitler Streber, ein Mann, von dem man, je näher man ihn kennen lernte, um so mehr die Hochachtung verlor. Schon in den oberen Klassen spürte man sein Wesen deutlich, und noch besser lernte ich ihn kennen, als ich später ein Jahr lang als Probekandidat unter ihm angestellt war. In der Geschichte war er wohlbeschlagen, wie er dann auch einschlägige Schulbücher veröffentlicht hat. Sein übriger Unterricht aber taugte nichts, vor allem wegen der Langweiligkeit und Trockenheit seines Wesens. ... Die unter Schwartz wirkenden Lehrer waren zum kleinsten Teil tüchtige Männer, z. B. Bernhardt[42], Otto[43], Seibert[44], Büsgen[45]. ... Der bedeutendste von allen, die ich am Gymnasium zu Lehrern hatte, war Bernhardt, dessen besonderes Fach das Griechische war. In den obersten Klassen hatte er bei uns den griechischen Unterricht, und ich darf sagen, daß wir in diesem Fach wirklich etwas gelernt haben. Um so trauriger war es in anderen Fächern bestellt. ...

Wir hatten unter unseren Schulkameraden manches rohe Element, wie das in einer Kur- und Allerweltstadt wie Wiesbaden nicht gut anders zu erwarten war. Aber auch viele Knaben aus biederen

---

[40] Karl SCHWARTZ (1809–1885), Pädagoge und Historiker, Direktor des Wiesbadener Gymnasiums 1862–1874; schrieb ein *Handbuch für den biographischen Geschichtsunterricht* (2 Bände), Fulda 1842–1844 (Berlin$^{9/7}$1880) und veröffentlichte eine *Auswahl mittelalterlicher Dichtungen*, Fulda 1847. Vgl. *ADB* 33, 1891, 212–214.

[41] August v. SCHWARTZ (1811–1883), Generalleutnant der preußischen Artillerie.

[42] Emanuel BERNHARDT (1821–1892), 1861–1871 Lehrer am Gymnasium in Wiesbaden; hat u.a. über Homer gearbeitet.

[43] Friedrich Heinrich OTTO (1826–1902), Historiker und Klassischer Philologe, 1859–1894 am Wiesbadener Gymnasium; schrieb u.a. eine *Geschichte der Stadt Wiesbaden*, Wiesbaden 1877.

[44] Nicht ermittelt.

[45] Ferdinand BÜSGEN (*1840), Klassischer Philologe.

Familien. Den regsten und dauerndsten kameradschaftlichen Verkehr hatte ich mit Gustav Scholz[46], Herm[ann] Diels[47], Karl Ebenau[48], Wilhelm Meyer[49], August Fritze[50]. Scholz, der Sohn der Obersteuerratswitwe und Institutsvorsteherin Scholz, wohnte meinem Elternhaus gegenüber. Er war eine durch und durch solide Persönlichkeit, in dem Maße, daß er z. B. die Betrügereien, die wir andern ohne Ausnahme beim Abiturientenexamen begingen, nicht mitmachte. Er studierte in Bonn Geschichte bei v. Sybel[51], wurde in Wiesbaden Gymnasiallehrer und starb in jüngeren Jahren an dem Erbübel seiner Familie, an Lungenschwindsucht. Diels' Vater[52] war der Vorsteher auf dem Taunusbahnhof und wohnte auch dort. ...

Wenn ich nicht irre, war ich mit Diels schon in der Spielschule des Frl. Eibach zusammen, jedenfalls dann aber durch die Vorbereitungsschule und durch das Gymnasium hindurch in derselben Klasse, und wir hatten oft auch durch einen ganzen Jahrgang hindurch die Plätze nebeneinander. Schon frühzeitig entwickelte sich Diels zum klass[ischen] Philologen; heute lebt er als Prof[essor] der klass[ischen] Phi-

---

[46] Gustav SCHOLZ (*1848) schrieb eine Dissertation über den Mainzer Erzbischof Konrad I. (Bonn 1870); vgl. unten im Text.

[47] Hermann DIELS (1848–1922), Klassischer Philologe; nach Tätigkeit als Gymnasiallehrer und als Redaktor der *Commentaria in Aristotelem Graeca* ab 1882 Professor in Berlin; unter den Editionen und Übersetzungen ragen als seine Hauptwerke heraus: *Doxographi Graeci*, Berlin 1879 (^{5}1979); *Die Fragmente der Vorsokratiker* (3 Bände), Berlin 1903 (Nachdruck 1996). Vgl. *NDB* 3, 1957, 646 f.; ferner W. M. CALDER III (Hrsg.), *Hermann Diels (1848–1922) et la science de l'antiquité*, Genf 1999.

[48] Nicht ermittelt.

[49] Nicht ermittelt.

[50] August FRITZE, offenbar Lehrer am Gymnasium in Wiesbaden, zu dessen 50jährigem Bestehen 1894 er ein Verzeichnis sämtlicher Abiturienten von 1847 bis 1894 publizierte.

[51] Heinrich v. SYBEL (1817–1895), einer der Begründer der modernen Geschichtswissenschaft; nach Professuren in Marburg und München ab 1861 Professor für Geschichte in Bonn; Begründer der *Historischen Zeitschrift*; zeitweise Mitglied des Preußischen Abgeordnetenhauses. Vgl. *ADB* 54, 1908, 645–667.

[52] Ludwig DIELS (1820–1872), Volksschullehrer und Stationsvorsteher.

l[ologie] noch in Berlin und gilt mit Recht neben Wilamowitz[53] für den hervorragendsten Vertreter dieser Wissenschaft im deutschen Reich. Zur Philologie kam Diels durch seinen Onkel Rossel[54], der Archivar war und eine größere Bibliothek besaß, die Diels schon als Schüler fleißig benutzte; durch Diels hörte man dann oft von Schriftstellern des Altertums, die einem durch die Schule in keiner Weise näher gebracht wurden. In der Schule selbst erfuhr man nur von den Schulschriftstellern im engsten Sinne des Wortes; Literaturgeschichte der Griechen und Römer blieb uns fern. Es geschah wohl durch Anregung von Diels, daß ich in Untersekunda mit Terenz und Plautus anfing mich zu befassen (ich übersetzte die Hecyra in Prosa und den Miles gloriosus in Alexandriner), bald darauf auch mit dem Aristophanes, dessen Wolken ich ins Versmaß des Originals übersetzte. Unsere Lehrer erfuhren von solchen Privatarbeiten nichts. Diels war als Schüler jedoch nicht ausschließlich der gelehrte Mann, sondern beteiligte sich auch an jeglichen Knabenstreichen und sonstigen jugendlichen Betätigungen. ...

Eine von unserm Gymnasium ausgegangene Veranstaltung war die Tanzstunde, die wir als Obersekundaner oder Unterprimaner in einem Saal in der Kirchgasse durch die Tanzlehrerin, ehemalige Balletttänzerin Frau Bock, erhielten. ... Es ging da äußerst steif zu, wesentlich anders als in den Tanzstunden, an denen meine eignen Kinder in Leipzig beteiligt waren. Ich war fremderen Mädchen gegenüber immer äußerst unbeholfen, habe dann das Tanzen auch viele Jahre ganz sein lassen, bis ich erst wieder in Leipzig als Privatdozent Lust an die-

---

[53] Ulrich VON WILAMOWITZ-MOELLENDORFF (1848–1931), der bedeutendste Klassische Philologe zu Beginn des 20. Jahrhunderts; 1876–1883 Professor in Greifswald, dann in Göttingen (1883–1897) und von 1897 bis zur Emeritierung 1922 in Berlin; verdienstvoll als Wissenschaftsorganisator; verheiratet mit Theodor MOMMSENs ältester Tochter. Seine Hauptwerke sind: *Aristoteles und Athen* (2 Bände), Berlin 1893 (^{3}1985); *Sappho und Simonides*, Berlin 1913 (^{2}1966); *Die Ilias und Homer*, Berlin 1916 (^{3}1966); *Der Glaube der Hellenen* (2 Bände), Berlin 1931–1932. Vgl. K. REINHARDT, in: *Die Großen Deutschen* 5, 1952, 415–421.

[54] Karl ROSSEL (1815–1872), Lehrer und Archivar in Wiesbaden.

ser gesunden Übung bekam, der ich reichlich frönte, auch noch später als jüngerer Ehemann.

Um über das Leben und Treiben als Schüler etwas Zusammenfassendes zu sagen: Wichtigere Anregungen für den späteren Beruf konnte man auf dem Wiesbader Gymnasium kaum erhalten. Dazu waren die Lehrkräfte nicht angetan. Vor allem fehlte es an der Oberleitung. Der Direktor K. Schwartz, den jeder nicht auf den Kopf gefallene Schüler in den Oberklassen leicht durchschauen konnte, war nicht der Mann, der einem für irgend etwas eine größere Begeisterung beizutragen vermochte, und wir Schüler hatten die Empfindung, daß auch seine ihm untergebenen Lehrer keinen Respekt vor ihm hatten. Ganze Generationen von Abiturienten, darunter auch die, der ich angehörte, scheuten sich dann auch nicht, ihn beim Abiturium in einer Weise zu betrügen, die, bei Licht betrachtet, zum Himmel schreit. ...

Mit „Hier hast Du Dein Abgangszeugnis, leben Sie wohl!“ verließ man in Wiesbaden Ostern 1867 das Gymnasium.

* * *

... Darüber, was ich werden solle, hatte ich mir nie viel Kopfzerbrechen gemacht. Klar war nur, daß ich studieren solle. Hierzu erschienen meinem Vater von seinen Söhnen noch Oskar und später Hermann die geeignetsten.

Noch als wir als Schüler in der Schule angeben sollten, was wir werden wollten, war ich zweifelhaft. Nicht weil ich irgendwelche Neigung dazu je verspürt hätte, sondern weil wir eine Angabe machen mußten u[nd] ich wußte, daß diese ganz unverbindlich sei, nannte ich Theologie. So steht, wenn ich nicht irre, in dem Osterprogramm gedruckt. Ich hatte keine ganz ausgesprochene Neigung zur klassischen Philologie, auch keine zur neueren Philologie, die übrigens damals als Studium noch wenig entwickelt war, mußte aber damit rechnen, wenn ich nicht Jurist oder Theologe oder Mediziner werden wollte, und so entschied ich mich endlich für klassische Philologie.

Ich wählte Halle. Doch nicht etwa wegen irgend eines dort wirkenden Professors, sondern weil dort mein älterer Bruder Hugo bereits studierte (als Landwirt) und weil wir zugleich unser Einjähr[ig]-Freiwill[igen]-Jahr in Halle abdienen wollten. Wir traten also bei dem Infanterieregiment, das in Halle lag, ein. Wir gehörten damit mit zu den ersten Nassauern, die nach der Annexion unseres Vaterlands Nassau den preußischen Dienst als Einj[ährig]-Freiwill[ige] antraten. Ich war noch nicht ganz 18 Jahre alt, als ich in Halle auf Tauglichkeit untersucht wurde. Es waren noch keine 4 Monate seit meiner langen Krankheit vergangen, und der Arzt hielt es zu meiner körperlichen Kräftigung für zweckdienlich, daß ich mein Jahr schon damals abdiente. Dazu kam meine Freude am Militärischen. Eigentlich war ich wegen Kurzsichtigkeit vom Militärdienst frei, und das wußte ich. Damals befreite noch ein viel geringerer Grad von Kurzsichtigkeit als später. Als ich in Halle in der Kaserne zur Untersuchung vor den Arzt trat, sagte dieser: „Wie steht's mit Ihrer Brille?" Ich: „Es ist mit meiner Kurzsichtigkeit nicht schlimm." Der Arzt: „Nehmen Sie mal die Brille ab und gehen Sie dort ans Fenster; was sehen Sie da?" Ich sah eine dicke Esse, aus der dicker Rauch heraus kam, meldete das, worauf der Arzt: „ Es ist gut, setzen Sie die Brille wieder auf." So war diese Untersuchung beendigt, und ich wurde für tauglich befunden. Es mag dazu gleich bemerkt sein, daß ich später von allen Einjährigen des Bataillons am besten schoß, indem ich der einzige war, unter ihnen, der gleich im ersten Jahr in die obere Schießklasse kam. Nachdem ich mein Jahr mit der Offiziersqualifikation hinter mir hatte, sollte ich schon im Herbst 1868 zu einer Übung eingezogen werden. Das paßte mir nicht, ich hatte keine besondere Lust mehr am Soldatenleben, und da ein mit meinem Vater gut bekannter Militärarzt mir versicherte, bei meiner Kurzsichtigkeit müsse man mich, wenn ich es beantragte, jeden Tag laufen lassen, tat ich diesen Schritt. Ich kam vor 2 Kommissionen, eine niedere und eine höhere, zur Untersuchung der Augen. Beide bedauerten einen so guten Schützen für dauernd untauglich erklären zu müssen, ließen mich aber eben frei.

Der Dienst während meines Einjährigenjahres war, im Vergleich mit dem, was nach 1870 von den Einjährigen verlangt wurde, sehr leicht und angenehm. Außer wenn Bat[aillons]- oder Regimentsexerzieren war, hatten die an der Universität zugleich studierenden Einjährigen vorm[ittags] 11–1 Uhr regelmäßig frei. Da der Exerzierplatz weit draußen vor der Stadt lag, wurden wir schon um ½ 11 Uhr oder früher entlassen. Am Nachm[ittag] war meistens nur noch ein Appell um 3 oder 4 Uhr, und so konnte man ziemlich regelmäßig auch noch Vorlesungen von 5 Uhr ab besuchen. Unser Hauptmann, Braun mit Namen, war ein allgemein beliebter Vorgesetzter (mein Bruder Hugo, der in einer anderen Kompanie stand, hatte es mit dem Hauptmann sehr schlecht getroffen). ... Ebenso kam man mit dem biederen Feldwebel gut aus. Unter den Unteroffizieren waren schlimme Elemente, der roheste von allen war ein rothaariger, immer heiserer Sergeant, der uns von schmutzigen Dingen erzählte, die mich tief erregten, da ich von solchen sittlichen Schäden nie etwas gehört hatte. Mein Bruder Hugo war schon, ehe wir Soldaten wurden, mit einem aus Nassau stammenden Leutnant Wachsmuth bekannt geworden, der sehr musikalisch war und ein solides Leben führte. Mit diesem und einem medizinischen Privatdozenten Dr. Seeliger[55] hatten wir in der Militärzeit eine Art Kränzchen, indem wir alle 8 Tage abends in der Wohnung eines der Beteiligten zusammenkamen. Dabei wurde viel musiziert.

Wir waren in meiner Kompanie 5 Einjährige. Wir hielten auch außerhalb des Dienstes uns viel zusammen; mit zweien, Böttcher[56] (Mathematiker) und Hebestreit[57] (klass[ische] Philologie) befreundete ich mich näher. Der älteste von uns, ein stud. agronomiae Schmidt, stammte aus Merseburg. Eines Sonnabends nachm[ittags] wanderten wir Einjährigen mit ihm nach Merseburg, wo er uns in sein Elternhaus

---

[55] Nicht ermittelt.

[56] Wahrscheinlich Johann Eduard BÖTTCHER (1847–1919), Mathematiker und Pädagoge, ab 1892 Rektor des Leipziger Realgymnasiums (Petri-Schule).

[57] Nicht ermittelt.

einführen wollte, ohne daß wir einen Urlaubsschein hatten. Kurz vor Merseburg sahen wir auf der Landstraße von ferne einen General mit seinem Adjutanten uns entgegenkommen. Schmidt wußte gleich Bescheid, daß es der Feldmarschall Manteuffel[58] sei, der damals als Domherr in Merseburg wohnte. Nach der Vorschrift hatten wir uns bei ihm mit Vorweisung des Urlaubsscheins zu melden. Es entstand nun unter uns die Frage, wie um diese Klippe herumkommen. Die Meinungen gingen auseinander. Im entscheidenden Moment sagte Schmidt: „Kinder, laßt mich machen, wir machen Front." Wir also stellen uns in 1 Glied, Schmidt tritt vor und meldet: „5 Einjährige, vom 80sten Reg[iment], 8. Komp[anie] von Halle nach Merseburg beurlaubt." Ohne nun nach unseren Scheinen zu fragen, ließ sich Manteuffel in ein leutseliges Gespräch mit uns ein, fragte jeden nach seinem Studium u. dgl., und wir waren heilfroh, aus der Affäre unbehelligt herausgekommen zu sein.

Im zweiten Semester trat ich in den studentischen Gesangverein Fridericiana ein, veranlaßt dazu durch meinen alten Schulfreund Meyer, der schon ein Semester vorher eingesprungen war. Die eigentliche Fuchszeit wurde mir, ich weiß nicht mehr, warum, geschenkt, ja man machte mich schon bald nach meinem Eintritt in den Verein zum Fuchsmajor. Der Verein bestand erst seit 1866 und hatte demgemäß noch nicht viel Mitglieder. Ich befreundete mich namentlich mit Althaus[59] und Deininger[60] (beide stud. jur.), die dicht neben mir wohnten bei einer alten höchst originellen Hauswirtin. Wir waren Universitäts-Gesangverein, entsprechend dem Paulus in Leipzig und ähnlichen Vereinen an andern Universitäten, mit denen wir im Kartell waren. Einmal in der Woche dirigierte uns der Universitätsmusikdirektor Robert Franz, der berühmte Liederkomponist, der damals schon recht schwerhörig war. Unsere andern Singereien dirigierte einer von uns

---

[58] Edwin VON MANTEUFFEL (1809–1885), Generalfeldmarschall, ab 1879 Reichsstatthalter von Elsaß-Lothringen; war von 1862 an Domherr in Merseburg.

[59] Nicht ermittelt.

[60] Nicht ermittelt.

Studenten, namens Brandis, stud. math.[61]. Ich sang im Tenor mit: Auf den Kneipabenden ging es im allgemeinen wohl etwas mäßiger zu als in den eigentlichen Couleurverbindungen, aber getrunken wurde doch sehr reichlich. Ich blieb auch das dritte Semester, nachdem ich den Soldatenrock ausgezogen hatte, noch aktives Mitglied und Fuchsmajor. Regelmäßig gaben wir im Sommer und im Winter ein Konzert, zu dem der Universitätsrektor und andere Professoren sowie allerlei Honoratioren der Stadt, soweit sie „tanzbare" Töchter hatten, erschienen. Denn ebenso wichtig wie das Konzert war der sich anschließende Ball.

Der Hauptgrund, aus dem ich im Herbst 1868 die Universität Halle verließ, war der, daß ich fürchtete, durch die Vereinsmeierei von der Wissenschaft zu weit abgezogen zu werden. Und, um es ehrlich zu sagen, daß ich gerade Leipzig zur Fortsetzung meiner Studien wählte, war wesentlich dadurch bestimmt, daß ich dachte, von Leipzig aus jede Woche einmal, sonnabends, zum Kneipabend nach Halle fahren zu können. Das kam freilich ganz anders: in Leipzig kam ich sogleich in einen Kreis von neuen Bekannten hinein, wurde auch sehr bald vom Studieneifer so erfaßt, daß ich jene Absicht, Sonnabends regelmäßig nach Halle zu fahren, aufgab; ich bin, wenn ich nicht irre, nur einmal hinübergefahren.

In Halle hörte ich Vorlesungen bei Bernhardy[62], Bergk[63], Erdmann[64] u.a., meist philologische und philosophische. Durch meine ju-

---

[61] Nicht ermittelt.

[62] Gottfried BERNHARDY (1800–1875) Klassischer Philologe, ab 1829 Professor in Halle, ab 1844 auch Leiter der Universitätsbibliothek; seine Hauptwerke sind *Grundriss der griechischen Litteratur* (2 Bände), Halle ^{4}1875–1880, und *Grundriss der römischen Litteratur*, Braunschweig ^{5}1869. Vgl. *ADB* 2, 1875, 462–465; R. VOLKMANN, *Gottfried Bernhardy: Zur Erinnerung an sein Leben und Wirken*, Halle 1887.

[63] Theodor BERGK (1812–1881), Klassischer Philologe, nach Professuren in Marburg und Freiburg 1857–1869 Professor in Halle; BERGK ist insbesondere durch Editionen von Werken griechischer Dichtung hervorgetreten, u.a. der *Poetae lyrici Graeci* und der *Anthologia lyrica*. Vgl. *ADB* 46, 1902, 381–383.

ristischen Bekannten, die oft über Völkerrecht fachsimpelten, ließ ich mich auch dazu bestimmen, eine Vorlesung über Völkerrecht zu hören.

In Leipzig kam ich bald mit einigen nassauischen Studenten in nähere Berührung, und wir gründeten eine Art Nassauerkneipe. Mitglieder waren u.a. Krekel[65], stud. med., Diez[66], stud. theol. (Sohn des Geistlichen, der mich eingesegnet hatte), Vietor[67], stud. phil. (später Professor in Marburg). Von meinem 4. Semester an auch mein Bruder Oskar, der 2 Jahre nach mir Abiturientenexamen in Wiesbaden gemacht hatte, und nun ebenfalls als stud. phil. nach Leipzig ging. Wir wohnten zusammen in der Turnerstraße, 4 Treppen hoch. Nachdem Oskar dann nach Bonn abgezogen war, zog ich in die Liebigstraße zu einem Buchhändler Wermann[68].

---

[64] Johann Eduard ERDMANN (1805–1892), Philosoph und Philosophiehistoriker, ab 1836 Professor in Halle, wurde v.a. bekannt durch seinen *Grundriss der Geschichte der Philosophie* (2 Bände), Berlin 1865–1867 (^{4}1895–1896). Vgl. H. GLOCKNER, *Johann Eduard Erdmann*, Stuttgart 1932. Vgl. *NDB* 4, 1959, 569 f.

[65] Wilhelm KREKEL (*1849); Promotion in Halle 1872 mit einer Dissertation *Ueber Placenta praevia.*

[66] Nicht ermittelt.

[67] Wilhelm VIËTOR (1850–1918), Philologe und Sprachwissenschaftler, ab 1884 Professor der Englischen Philologie in Marburg; VIËTOR, der großen Einfluß auf den Fremdsprachenunterricht hatte, sind wichtige Werke zur Phonetik, v.a. zur Aussprache des Deutschen und Englischen zu verdanken.

[68] Nicht ermittelt.

Mächtig zogen mich die Vorlesungen von Curtius[69], Ritschl[70], Zarncke[71] an, und ich konzentrierte mich mehr und mehr auf Sprachwissenschaft und wurde eifriges Mitglied der „Grammatischen Gesellschaft“ von Curtius, aber auch der „philologischen Sozietät“ von Ritschl, trat auch in das philologische Seminar ein. Ferner wurde ich Mitglied des studentischen philologischen Vereins, in dem jede Woche einmal Abends bei einem Glas von einem der Mitglieder ein Vortrag gehalten wurde; an diesen schlossen sich Debatten an. Zu den

---

[69] Georg CURTIUS (1820–1885), Klassischer Philologe und Sprachwissenschaftler; führte die Methoden der Vergleichenden Sprachwissenschaft in das Studium der klassischen Sprachen, v.a. des Griechischen, ein; nach Studium in Bonn und Berlin, nach Promotion 1842 in Berlin und Habilitation 1846 ebenda sowie Professuren in Prag (1849–1854) und Kiel (1854–1862) ab 1862 Professor der Klassischen Philologie in Leipzig, wo er aber auch Vergleichende Sprachwissenschaft lehrte; seine Hauptwerke sind: *Grundzüge der griechischen Etymologie* (2 Bände), Leipzig 1858–1862 ([5]1879); *Das Verbum der griechischen Sprache* (2 Bände), Leipzig 1873–1876 ([2]1877–1880) und eine vielbenutzte *Griechische Schulgrammatik*, Prag 1852 ([15]1882). Mit den Positionen der Junggrammatiker (nicht zuletzt KBs) setzte er sich in der Schrift *Zur Kritik der neuesten Sprachforschung*, Leipzig 1885, auseinander; Begründer und Herausgeber (Bände 9–10 zusammen mit KB) der *Studien zur griechischen und lateinischen Grammatik* (10 Bände), Leipzig 1868–1878. Vgl. *ADB* 47, 1903, 597–602.

[70] Friedrich Wilhelm RITSCHL (1806–1876), zu seiner Zeit berühmter Klassischer Philologe, Professor in Breslau (1834–1839) und Bonn (1839–1865), ab 1865 in Leipzig, wo er die „Societas philologa“ ins Leben rief; während er zuerst vorwiegend über griechische Literatur arbeitete, verdankt er seinen Ruhm v.a. den bedeutenden Forschungen zur altlateinischen Dichtung (u.a. *Plautus* [3 Bände], Bonn/Elberfeld 1848–1854), zu den altlateinischen Inschriften und der sprachgeschichtlichen Betrachtung dieser Zeugnisse. Vgl. seine *Opuscula philologica* (5 Bände), Leipzig 1867–1879 (Nachdruck Hildesheim 1978), sowie Otto RIBBECK, *Friedrich Wilhelm Ritschl. Ein Beitrag zur Geschichte der Philologie*, Leipzig 1879–1881 und *NDB* 21, 2003, 652 f.

[71] Friedrich ZARNCKE (1825–1891), Germanist, nach Promotion (1847) in Rostock und Habilitation (1852) in Leipzig ab 1858 ebenda Professor der deutschen Sprache und Literatur; bekannt durch Forschungen zur mittelalterlichen Dichtung, u.a. zum Nibelungenlied (das er auch herausgab), und zur Universitätsgeschichte; dreimal Rektor der Universität Leipzig; Begründer und Herausgeber des *Literarischen Centralblattes für Deutschland* (ab 1850). Vgl. *ADB* 44, 1898, 700–706.

älteren Mitgliedern dieses letztgenannten Vereins gehörte Nietzsche[72], der später so berühmt gewordene Philosoph, zu dem ich indessen in keine nähere persönliche Berührung kam, wie er sich denn überhaupt mit keinem von uns jüngeren Semestern abgab.

Verkehr in Leipziger Familien hatte ich wenig. Bei Curtius war ich oft zu Gast. Seine Frau, die Curtia, war eine recht zimperliche Dame, ohne alles Verständnis für studentischen Ulk. Ich bekam mehrere Standpauken von ihr zu hören, wenn ihr irgend etwas hinterbracht worden war, was ihr Mißfallen erregte u[nd] wobei auch ich beteiligt war. Z. B.: ich hatte einst den um 2–3 Semester jüngeren Paul Cauer[73] (den durch viele Werke bekannten Schulmann) aufgefordert, mit mir eine italienische Weinstube zu besuchen, in der man nach italienischer Art trank und aß. Cauer, der im Curtiusschen Haus der verzärtelte Liebling war, hatte, als er am nächsten Tag zu Curtius kam, etlichen Kater, und erzählte ganz harmlos, daß ich ihn in jene Kneipe geführt habe. Darauf bekam ich dann eine seltsame Strafpredigt von Curtius als Verführer unschuldiger Jünglinge zum Wirtshausleben usw. Curtius selbst war toleranter, stand aber ganz unter dem Pantoffel. Eine andere Familie, in der ich damals, wenn auch nicht viel, verkehrte, war die des Rechtsanwalts Otto Freytag[74] (als Verteidiger von Bebel[75]

[72] Friedrich NIETZSCHE (1844–1900), der berühmte Philosoph, war ursprünglich Klassischer Philologe und Schüler RITSCHLs (s. Anm. 70), dem er 1865 von Bonn nach Leipzig folgte; wurde aufgrund schon vorliegender Publikationen bereits vor der Promotion Professor für griechische Sprache und Literatur in Basel (1869); da seine (unter dem Einfluß Richard WAGNERs entstandene) Schrift *Die Geburt der Tragödie aus dem Geist der Musik* (Leipzig 1872) durch die Philologen (auch RITSCHL) strikt abgelehnt wurde, wandte er sich ganz der Philosophie zu und gab 1879 schließlich seine Professur auf. Vgl. *NDB* 19, 1999, 249–253.

[73] Paul CAUER (1854–1921), Klassischer Philologe (Schüler von CURTIUS und RITSCHL in Leipzig) und Pädagoge; Verfechter des Humanistischen Gymnasiums; nach der Promotion 1875 in Berlin Gymnasiallehrer, ab 1905 schließlich Provinzialschulrat und Honorarprofessor in Münster; obwohl in Kiel 1890 habilitiert, blieb ihm eine Universitätskarriere wegen einer vernichtenden Kritik durch WILAMOWITZ (s. Anm. 53) verwehrt. Vgl. *NDB* 3, 1957, 178 f.

[74] Nicht ermittelt.

bei der Regierung in Ungnade gefallen). Seine Frau war eine geborene Hirsch[76] aus Wiesbaden, Tochter eines mit meinen Eltern bekannten Arztes. Eine Nichte des Rechtsanwalts, Tochter seines älteren Bruders Hermann[77], der ein angesehener Arzt war, wurde später die Frau meines Bruders Oskar.

Ich war noch Leipziger Student, als der Krieg gegen Frankreich ausbrach. Zarncke war Rektor und verstand es meisterhaft, die Studentenschaft zu befeuern. Viele Studenten zogen ja, teils als bereits gediente Leute, teils als Freiwillige ins Feld. Letzteren hoffte auch ich mich anschließen zu können, und reiste zu diesem Behuf zunächst nach Wiesbaden, wo Infanterie stand. Ich war zwar 1868 als dauernd militäruntauglich geschrieben worden, dachte aber, man werde das nicht so genau nehmen, zumal ich ja trotz meiner Kurzsichtigkeit mich als guter Schütze bewährt hatte. Als ich in der Heimat ankam, war nun die Infanterie bereits abgezogen und statt ihrer war ein Bataillon Jäger als Besatzung eingerückt. Auf deren Büro wurde mir der Bescheid, daß man mich weder bei den Jägern, noch sonstwo als Soldat werde verwenden können. Ich solle mich jedoch in dem großen Lazarett melden, zu dem damals die ganze Infanteriekaserne in der Schwalbacherstraße umgewandelt wurde; vielleicht könne ich dort gebraucht werden. Das traf dann auch zu. Ich wurde damit betraut, für die Verwundeten – es waren nur Schwerverwundete, die nicht gut noch weiter nach Osten transportiert werden konnten – die Briefe zu schreiben, die Liebeszigarren zu verteilen und was dergl[eichen] kleinere Verrichtungen mehr waren. Durch mehrere Monate hindurch, bis das Lazarett aufgelöst wurde, war ich in ihm Vor- und Nachmittags

---

[75] August BEBEL (1840–1913), Gründungsvorsitzender der Sozialdemokratischen Arbeiterpartei Deutschlands (aus der die heutige SPD hervorging); als Mitglied des Deutschen Reichstags lehnte er 1871 die Annexion Elsaß-Lothringens ab; da er für die Pariser Kommune Partei ergriff, wurde er 1872 der Vorbereitung des Hochverrats (darnach auch noch der Majestätsbeleidigung) beschuldigt und deshalb zu Festungshaft verurteilt. Vgl. *NDB* 1, 1953, 683–685.

[76] Nicht ermittelt.

[77] Nicht ermittelt.

beschäftigt. Die Haupttätigkeit war das Briefeschreiben, und ich habe namentlich vor schweren Operationen, wenn deren Ausgang unsicher war, für Familienväter an deren Frauen geschrieben. Wiederholt kam es vor, daß, wenn ich am Morgen einen solchen Abschiedsbrief mir hatte diktieren lassen, und am Nachmittag nach dem Verlauf der Operation fragte, zu hören bekam, der Mann habe die Operation nicht überstanden.

Im November 1870 kehrte ich nach Leipzig zurück, um meine Doktorarbeit zu Ende zu bringen, die ich bald darauf einreichte, gegen Schluß des 6. Studiensemesters (einschließlich Militärjahr). Die Hälfte der Arbeit bildete die eigentliche Dissertation[78], das Ganze wurde in Curtius' Studien zur griechischen und lateinischen Grammatik abgedruckt („De Graecae linguae productione suppletoria"). Geprüft wurde ich im Mündlichen von Curtius, Ritschl und Zarncke (3 Stunden). Am Abend des Examens war ich mit einigen Freunden, Meister[79], Steffen[80] usw., in einer Bierstube beisammen.

Schon war wohl damals der Gedanke, die Universitätslaufbahn einzuschlagen, mehrmals in mir wach geworden und zwar war es die vergleichende Sprachwissenschaft (= „Indogermanische Sprachwissenschaft"[81]), die es mir angetan hatte. Doch fehlte es mir dazu an dem finanziellen Rückhalt. Mein Vater drang darauf, daß ich jeden-

[78] KBs Arbeit *De Graecae linguae productione suppletoria* erschien in *CS* 4, 1871, 59–186; davon war nur der erste, über die Nasale handelnde Teil (S. 59–108) als eigentliche Dissertation vorgelegt worden.

[79] Richard MEISTER (1848–1912), Klassischer Philologe, Schüler v.a. von CURTIUS und RITSCHL, Professor (und Konrektor) am Nicolai-Gymnasium in Leipzig; ist durch bedeutende Forschungen zu griechischen Dialekten und zu Dialektinschriften hervorgetreten in *Die griechischen Dialekte* (2 Bände), Göttingen 1882–1889, und zahlreichen Einzeluntersuchungen. Vgl. den Nachruf von KB, *BVSGW* 65, 1913, 221–228 und *Biographisches Jahrbuch* 17, 1915, 53–57.

[80] Kurt STEFFEN, Klassischer Philologe, Professor am Nicolai-Gymnasium in Leipzig.

[81] Zu dieser Klarstellung von KB selbst vgl. in seinem Nachruf auf August LESKIEN, *BVSGW* 68, 1916, 18* die Worte „Indogermanistik (so sagt man jetzt für 'vergleichende Sprachwissenschaft')".

falls zuerst ein philologisches Staatsexamen zu machen und mich zunächst an einem Gymnasium anstellen zu lassen habe. Er hatte damit ganz Recht.

Diesen Standpunkt habe ich später selber immer jungen Leuten gegenüber, wenn sie mich um Rat angingen, vertreten, wenn sie nicht ein erkleckliches Vermögen besaßen, z.B. gegenüber dem jetzt in Barmen als Pastor wirkenden Bronisch[82]: Dieser wollte sich gleich vom Doktorexamen weg zur Habilitation vorbereiten und hatte augenscheinlich durchaus das Zeug zu einem Professor der Indogermanistik. Sein Vater[83], Pastor in Cottbus, hatte einen Haufen Kinder, 4000 M[ark] Gehalt und kein Vermögen. Mit Unterstützung vonseiten seines Vaters zwang ich Bronisch förmlich dazu, zunächst das philolog[ische] Staatsexamen zu machen, um wenigstens einen Rückhalt zu haben, falls er in der akademischen Laufbahn nicht zu Brot käme. Bronisch nahm eine Hauslehrerstelle in Schlesien an und kam nach ½ Jahr nach Leipzig zu mir, um mir zu gestehen, die Vorbereitung zum Staatsexamen ekle ihn so an und der Drang zu sprachwissenschaftlicher Arbeit sei in ihm so mächtig, daß er es doch ohne Staatsexamen versuchen wolle, sich zu habilitieren. Ich blieb bei meiner alten Auffassung und brachte ihn dazu, daß er mir sein Ehrenwort gab, doch zunächst das Staatsexamen zu machen. Nach abermals ½ Jahr meldete er mir, er könne nicht, um aber sein Ehrenwort nicht zu brechen, wolle er Theologie studieren. Mit Hilfe von Stipendien studierte er dann in Berlin Theologie, legte dort die Prüfung ab und wurde ein angesehener, durch und durch orthodoxer Prediger. Vor mehreren Jahren schrieb er mir, daß er seinen 7. Jungen bekommen habe u[nd] sich sehr glücklich fühle in seinem Beruf.

---

[82] Gotthelf Matthias BRONISCH wurde 1892 in Leipzig promoviert; die von KB betreute Dissertation behandelte *Die oskischen i- und e-Vocale. Eine statistisch-descriptive und sprachgeschichtlich-vergleichende Untersuchung*, Leipzig 1892.

[83] Gotthelf BRONISCH publizierte u.a. *Kassubische Dialectstudien* (2 Bände), Leipzig 1896–1898.

Mein philolog[isches] Staatsexamen beabsichtigte ich in Bonn zu machen und studierte daher noch ein 7. Semester daselbst unter Usener[84], Bücheler[85], v. Sybel[86], Simrock[87] u.a., von denen ich voraussichtlich examiniert wurde. Auch in Bonn gab es eine Nassauer-Gesellschaft, in der auch meine alten Schulfreunde Diels, Scholz, Fritze sich befanden. Wir sahen uns am häufigsten nach dem Mittagessen bei Kaffee und Skat. Mit Diels passierte eine schnurrige Geschichte, als wir nach Tisch in einer Veranda des Kaffees saßen, die nur Glaswände hatte. Diels, der mit dem Rücken nach einer solchen Wand hin saß, fiel rücklings mit seinem Stuhl in die Wand hinein. Dutzende von größeren und kleineren Glasscherben fielen auf ihn, er blutete, rief aber noch mitten in dem Scherbenregen laut: „Kellner, was kostet mich diese Geschichte?"

[84] Hermann USENER (1834–1905), Klassischer Philologe, dem v.a. grundlegende Arbeiten zur griechischen Religionsgeschichte zu verdanken sind; ab 1866 Professor in Bonn; Hauptwerke: *Altgriechischer Versbau*, Bonn 1887 (^{2}1965); *Religionsgeschichtliche Untersuchungen* (3 Bände), Bonn 1889–1899; *Götternamen*, Bonn 1896 (^{3}1948). Vgl. Ernst BICKEL, „Das Philologische Seminar unter Usener und Buecheler", in: *Geschichte der Rheinischen Friedrich-Wilhelm-Universität zu Bonn am Rhein*. Vol. II: Institute und Seminare 1818–1933, Bonn 1933, 197–210.
[85] Franz BÜCHELER (1837–1908), Klassischer Philologe, nach Professuren in Freiburg und Greifswald 1870–1906 Professor in Bonn; arbeitete als Schüler RITSCHLs (s. Anm. 70) vornehmlich über das Altlateinische, lateinische Grammatik und altlateinische sowie oskisch-umbrische Inschriften; neben Editionen altlateinischer Carmina und des *Satiricon* des Petronius (Berlin 1862) schrieb er einen *Grundriß der lateinischen Deklination*, Leipzig 1866. Vgl. *NDB* 2, 1955, 717; vgl. auch die vorangehende Anmerkung.
[86] Vgl. oben Anm. 51.
[87] Karl SIMROCK (1802–1876), ungemein produktiver Germanist, Sagen- und Märchenforscher und Schriftsteller; ab 1850 Professor für altdeutsche Literatur in Bonn; hervorgetreten durch Übersetzungen zahlreicher Werke der altgermanischen Dichtung (vom *Nibelungenlied* über *Beowulf* und *Heliand* bis zur *Edda*); schrieb u.a. ein *Handbuch der deutschen Mythologie mit Einschluss der nordischen*, Bonn 1853–1855 (^{6}1887). Vgl. *ADB* 34, 1892, 382–385.

Ich wurde damals Mitglied des „Bonner Kreises“[88] u[nd] bin es heute noch. Der folgende Winter ging dann durch die Staatsprüfung drauf. Ich bewarb mich, um ein Zeugnis ersten Grades zu bekommen, um die Berechtigung, Griech[isch], Lat[ein] und Deutsch in allen Klassen und Geschichte in den mittleren Klassen zu unterrichten. Das erreichte ich, und wider Erwarten fiel mir auch noch die mit der Berechtigung für Griech[isch], Lat[ein], Deutsch gleichwertige Berechtigung, pädagogische Propädeutik in Prima zu lehren, als unerbetene, freilich nicht unerwünschte Zugabe in den Schoß. Ich hatte nämlich in dem Examen „für allgemeine Bildung“ eine schriftliche Ausarbeitung zu liefern und wurde vom Professor für Philosophie Jürgen Bona Meyer[89] gefragt, ob ich für irgendein Gebiet in der Philosophie besondere Vorliebe habe. Ich antwortete, daß ich mich viel mit Kant und als Linguist auch mit W. von Humboldt[90] beschäftigt habe; W. v[on]

---

[88] Meinem Saarbrücker Kollegen Carl Werner MÜLLER habe ich für folgende Mitteilung über den noch heute bestehenden „Bonner Kreis“ zu danken, dem er selbst angehört und der 2004 sein 150jähriges Stiftungsfest feierte: Er „ist eine Erweiterung des 1854 von elf Bonner Studenten der Klassischen Philologie gegründeten ‘Philologischen Vereins’ (Lektüre antiker Autoren, Geselligkeit, Ausflüge). Die zunächst lockere Verbindung von Philologen und Nichtphilologen wurde 1879 anläßlich des 25jährigen Stiftungsfestes institutionalisiert: Der ‘Bonner Kreis’ bezeichnete das Ganze, dessen Kern der ‘Philologische Verein’ bildete. Nach der Auflösung in den 1930er Jahren kam es im Wintersemester 1950/51 zur Neugründung unter der alleinigen Bezeichnung ‘Bonner Kreis’ mit dem Schwerpunkt Klassische Philologie.“

[89] Jürgen Bona MEYER (1829–1897), Philosoph und Pädagoge, ab 1868 Professor in Bonn; sein Hauptwerk ist *Kant's Psychologie*, Berlin 1869. Vgl. *ADB* 55, 1910, 560–563.

[90] Wilhelm VON HUMBOLDT (1767–1835), Sprachwissenschaftler und Sprachphilosoph, als Staatsmann durch große Reformen des Bildungswesens in Preußen hervorgetreten, u.a. mit der Gründung der Berliner Universität; eine Zusammenfassung seiner sprachwissenschaftlichen Anschauungen bildet die Schrift *Ueber die Verschiedenheit des menschlichen Sprachbaues und ihren Einfluss auf die geistige Entwicklung des Menschengeschlechts*, Berlin 1836, die die Einleitung bildet zu: *Über die Kawi-Sprache auf der Insel Java* (3 Bände), Berlin 1836–1839. Vgl. auch HUMBOLDTs *Gesammelte Schriften* (Ausgabe der Preußischen Akademie der Wissenschaften in 17 Bänden), Berlin 1903–1936; *NDB* 10, 1974, 43–51; ferner Tilman BORSCHE, *Wilhelm von Humboldt*, München 1990.

Humboldt sei durch Kant stark beeinflußt worden in seinen sprachwissenschaftlichen Anschauungen, und hierüber sei meines Wissens noch nichts geschrieben worden. Also könnte dies vielleicht ein geeignetes Thema für mich sein. Darauf J. B. Meyer: Das Thema sei zu hoch für das bloße Bildungsexamen. Es eigne sich aber sehr wohl, wenn ich in der philos[ophischen] Propädeutik geprüft werden wolle. Wolle ich das, so müsse ich freilich mich auch im mündlichen Examen einer besonderen Prüfung in diesem Fach unterziehen. Ich ging sofort darauf ein. J. B. Meyer schrieb mir nach Wiesbaden, wo ich im Winter 70/71 lebte, die schriftliche Arbeit genüge ihm für die philosoph[ische] Propädeutik, und nun hieß es, stramm für das mündliche Examen ochsen. Ich machte mir rasch die nötigen Auszüge, und entwickelte dann im mündlichen Examen ein solches Glück, daß ich bestand. Die mündliche Prüfung legte ich mit einem anderen Kandidaten gemeinsam ab. Es war gerade der Tag des Kölner Karnevals. Leider war es, bis die Prüfung zum Ende gekommen war, schon zu spät abends geworden, daß meine und meiner Examensgenossen Absicht, noch nach Köln zu fahren, sich nicht mehr ausführen ließ. Wir setzten uns also allein – alle anderen Kandidaten waren ja in Köln – in einer Weinwirtschaft zusammen zu einer oder zwei Flaschen exquisiten Rheinwein. Übrigens sagte mir einige Tage darauf J. B. Meyer, eines Falles, daß ein Kandidat einmal über die verlangten Lehrberechtigungen hinaus noch eine dazu bekommen habe, könne sich keiner seiner Kollegen entsinnen.

Nun, nach gemachtem Staatsexamen, galt es, wo, an welchem Gymnasium, das Probejahr absolvieren. Man war während dieses Jahres, in dem man noch kein Gehalt bezog, nur zu 8 Lehrstunden wöchentlich verpflichtet und wurde der besonderen Aufsicht eines älteren Lehrers unterstellt. So unsympathisch mir nun der Gedanke war, das Jahr unter meinem ehemaligen Direktor Karl Schwartz abzudienen, so gab für das Wiesbader Gymnasium doch das den Ausschlag, daß ich im elterlichen Hause wohnen konnte.

Ich trat demgemäß den Dienst in Wiesbaden Ostern 1871 an. Als Mentor wurde mir Prof. Capelle[91] beigegeben, der bekannte Homerforscher, der erst nach meinem Abgang vom Gymnasium (1867) an dieses aus Hannover berufen war. Capelle war ein Mann, vor dem ich schnell die höchste Hochachtung gewann; ich kam bald dahinter, daß er, besonders wegen K. Schwartz, es bereute, die Wiesbader Stelle angenommen zu haben; er ist dann auch später nach seiner Heimat, als Gymn[asial]-Direktor, zurückgegangen. Im Sommersemester hatte ich besonders in den beiden Tertien zu unterrichten und fühlte mich zufrieden. Im Wintersemester darauf wurde es anders. ... Schon vor Weihnachten stand mein Entschluß fest, zu Ostern diese Anstalt unter allen Umständen zu verlassen. Mein Freund Richard Meister[92], der in Leipzig am Nicolai-Gymnasium Anstellung gefunden, und von dieser meiner Absicht wußte, schrieb mir, daß dort zu Ostern die unterste Oberlehrerstelle zu besetzen sei. Ich wandte mich darauf in einem Schreiben an den Rektor Lipsius[93] und bekam die Stelle. ...

In Leipzig blieb ich nun Gymnasiallehrer von Ostern 1873 – Ostern 1877. Der Geist an der Nicolaischule war ein gänzlich anderer als der am Wiesbader Gymnasium. Mehr Wissenschaftlichkeit und mehr Zucht ohne größere Strenge. In Wiesbaden, wo das Kurtreiben und alles, was damit zusammenhängt, ein sehr ungleichmäßiges Publikum zusammenströmen ließ, auch zu längerer Seßhaftigkeit, befanden sich in den Schulen viele unerfreuliche Elemente, und der Lehrer kam ohne schärfere disziplinelle Maßregeln nicht aus. In Leipzig waren fast

[91] Karl CAPELLE (1841–1912), Klassischer Philologe, Professor, Direktor des Lyzeums in Hannover; bekannt durch Arbeiten als Homer-Kommentator und Homer-Lexikograph.

[92] Vgl. oben Anm. 79.

[93] Justus Hermann LIPSIUS (1834–1920), Klassischer Philologe, nach Studium und Promotion (1856) in Leipzig Gymnasiallehrer, 1866–1877 Rektor der Nicolai-Schule in Leipzig, 1869 außerordentlicher, 1877–1914 ordentlicher Professor in Leipzig, daneben Direktor des Kaiserlich Russischen Philologischen Seminars (hierzu vgl. unten Anm. 128); außer seinen Studien zu den attischen Rednern ist v.a. sein Hauptwerk *Das attische Recht und Rechtsverfahren* (3 Bände), Leipzig 1905–1915 (Nachdruck Hildesheim 1966) bedeutsam geworden.

alle Gymnasiasten aus gebildeten Familien und von Haus mitgebrachter Wohlanständigkeit. Ich bekam Unterricht in der Quinta, Quarta und den Tertien (in der Sexta zu unterrichten, ist mir nie vergönnt gewesen), und da ich den Unterschied zwischen den nassauischen und sächsischen Schülern nicht gleich erfaßte, verfuhr ich in den ersten Wochen viel zu streng; befreundete Lehrer machten mich darauf aufmerksam, und mit Vergnügen änderte ich – allmählich natürlich – meine Art.

Lipsius war ein Muster von Direktor. In allem durchaus zurückhaltend und jeden Lehrer gewähren lassend, er trotzdem der Regent in der Schule. Nach jeder Richtung eine imponierende Persönlichkeit, etwas knurrig und übermäßig schweigsam. Das einzige, was man an ihm tadeln mochte, war, daß er zu allem, zu seinem eigenen Unterricht, den Konferenzen usw. zu spät kam (Lipsius vult expectari[94]), was ihm denn einige ältere Lehrer gerne nachmachten. Ich ging mit Lipsius im selben Jahr (1877) zur Universität über, ich im Frühjahr, er im Herbst; er hat dann noch 7 Nachfolger im Gymnasialrektorat überlebt u[nd] lehrt heute noch als 83jähriger an der Universität. Er ist derjenige Mann, mit dem ich bis jetzt am längsten als Kollege zusammengearbeitet habe.

Von den Lehrern, denen ich in den 4 Jahren meiner Tätigkeit am Gymnasium näher getreten bin, nenne ich zunächst Richard Meister, der als Konrektor der Schule 1912 starb, mit dessen Familie wir überhaupt aufs engste uns befreundeten. 3 von seinen 5 trefflichen Söhnen fielen im Krieg. ... Dann nenne ich Kurt Steffen[95], mit dem ich schon als Student in Leipzig Freundschaft geschlossen hatte: ein geistvoller und sehr gelehrter, hochmusikalischer Herr, erlitt etwa 45 Jahre alt einen Schlaganfall und lebte dann noch etwa 10 Jahre in trauriger Verfassung, bis er einem zweiten Schlaganfall erlag. Dann Siegismund[96],

---

[94] *Lipsius vult expectari* „Lipsius will erwartet werden".
[95] Vgl. oben Anm. 80.
[96] Justus SIEGISMUND (1851–1876), Philologe und Epigraphiker, der sich gemeinsam mit Wilhelm DEECKE (1831–1897) an der Entzifferung der kyprischen Silben-

ebenfalls von der Studentenzeit her mit mir befreundet. Mit einem Regierungsstipendium verbrachte er Monate auf der Insel Zypern, um altkyprische Inschriften zu sammeln. Er stürzte dort infolge eines Fehltritts in eine Grabkammer und brach den Hals. Wir, seine Freunde, ließen ihm einen Stein mit Inschrift auf sein Grab in oder bei Limassol setzen. Dann Viktor Ryssel[97], Religionslehrer, ein jovialer Mensch, der als Prof[essor] nach Zürich berufen wurde und dort bald starb. Ferner Forssmann[98], ein Deutschrusse aus Archangelsk, der später nach Straßburg an das protestantische Gymnasium kam. Als Germanisten hatten wir Berlit[99] am Gymnasium, einen Schüler und begeisterten Anhänger von Rudolf Hildebrand[100]; er starb 1915 als Rektor der Nicolaischule. Mit einer Anzahl von Kollegen hatten wir einen Schachklub. Man kam aller 8 Tage bei einem der Beteiligten zum Abendbrot zusammen, woran sich dann Schachspiel oder Skatspiel anschlossen. Der Senior des Klubs war der Mathematiker Geb-

---

schrift beteiligte; seine Inschriftenkopien wurden von DEECKE und Richard MEISTER benutzt; seine Dissertation (Leipzig 1872) handelte über Metathese im Griechischen.

[97] Carl Viktor RYSSEL (1849–1905), Theologe, der sich unter Franz DELITZSCHs Einfluß der Orientalistik zuwandte; 1885 Professor in Leipzig, 1889–1905 in Zürich; v.a. durch Studien zur syrisch-christlichen Literatur und zu syrischen Übersetzungen griechischer Werke hervorgetreten; vgl. [Hermann] GUTHE, in: *Realencyklopädie für protestantische Theologie und Kirche*. 3. Auflage, Band 24, 1913, 441–445.

[98] Theodor FORSSMANN (*1848), in Leipzig 1873 promovierter Philologe (Dissertation über den Infinitivgebrauch bei Thukydides); untersuchte in der Straßburger Zeit die Übersetzung griechischer Verbalkonstruktionen im russisch-kirchenslavischen Ostromir-Evangelium.

[99] Georg BERLIT (1850–1915), Germanist, schrieb u.a. *Rudolf Hildebrand. Ein Erinnerungsbild*, Leipzig 1895.

[100] (Heinrich) Rudolf HILDEBRAND (1824–1894), Germanist, Gymnasiallehrer in Leipzig, ebenda ab 1869 außerordentlicher und ab 1874 ordentlicher Professor an der Universität; von Anfang an Mitarbeiter am *Deutschen Wörterbuch* von Jacob und Wilhelm GRIMM, nach deren Tod er zusammen mit Friedrich Ludwig Karl WIEGAND (1804–1878) die Fortführung des Werkes übernahm; vgl. *Über Grimms Wörterbuch in seiner sprachwissenschaftlichen und nationalen Bedeutung*, Leipzig 1869. Vgl. *NDB* 9, 1972, 124–126.

hardt[101]. Mit dem Lehrer des Französischen, Knauer[102], wurde ich erst nach meinem Abgang vom Gymnasium näher bekannt, besonders durch Frl. Schumann, bei der vier Junggesellen zu Mittag aßen. Ostern 1875 kam auch mein Bruder Oskar als Klass[ischer] Philologe an die Nicolaischule. Er hielt an dieser bis zu seiner vor etwa 4 Jahren wegen Augenschwäche notwendig gewordenen Pensionierung aus.

Eine Zeit lang wohnte ich mit Oskar zusammen in der Turnerstraße. Dann zog Oskar zu Frl. Schumann, während ich mich mit dem Gymnasiallehrer Stürenburg[103] zu gemeinsamem Wohnen in der Königstraße zusammentat; Stürenburg war der eigentliche Mieter der Wohnung; ich wohnte in Aftermiete bei ihm; eine ältere Person besorgte uns als Haushälterin die Wirtschaft. Dieses Zusammenhausen dauerte bis zu meiner Verheiratung 1882; bald darauf heiratete auch Stürenburg und gab dann die Wohnung auf.

In den ersten Jahren meines Leipziger Aufenthalts hatte ich den Mittagstisch bei einer Frau Vögel, einer wohlbeleibten gutmütigen Dame, bei der die verschiedensten Elemente, Privatdozenten, Lehrer, Lehrerinnen usw. ihre Atzung einnahmen. Dann ging ich zum Schumannschen Mittagstisch in Lehmanns Garten über. Bei Frl. Sch[umann] wohnte auch eine Anzahl ihrer Mittagsgäste. Den Stamm bildeten Knauer und Jungmann[104] (der langjährige Rektor der Thomasschule), auch mein Bruder Oskar. Dort erlebten wir auch herrliche Abende. Besonders berühmt war die regelmäßige Feier von Knauer's Geburtstag 20. Okt., die abgehalten wurde, bis Knauer 70 Jahre alt

---

[101] Adelbert GEBHARDT (1830–1900), Mathematiker, Professor und Konrektor am Nicolai-Gymnasium in Leipzig.

[102] Nicht ermittelt.

[103] Heinrich STÜRENBERG (1847–nach 1932), Klassischer Philologe, Lehrer und Konrektor an der Thomas-Schule in Leipzig; 1889–1910 Rektor des Gymnasiums zum Hl. Kreuz in Dresden. Er war 1874 in Leipzig promoviert worden (Dissertation *De carminis Lucretiani libro primo*) und dort zeitweise auch Assistent am Kaiserlich Russischen Philologischen Seminar (vgl. Anm. 128).

[104] Wohl Emil JUNGMANN aus Sangershausen, der in Leipzig ab 1868 Klassische Philologie studierte; Weiteres nicht ermittelt.

wurde. Knauer ließ sich gerne verulken, und so waren diese Geburtstagsfeiern denn die reinsten Karneval-Aufführungen. Auch sonstige Freunde von Knauer, z.B. der Buchhändler O. v. Hase[105], beteiligten sich. Knauer blieb Junggeselle, er ladete aber zu den verheirateten Freunden immer auch deren Frauen ein. Zuerst fanden diese Feste bei Frl. Schumann statt, dann, nachdem diese ihr Pensionat aufgegeben hatte, regelmäßig im Hotel Sedan am Hauptbahnhof. Ganz besonders glänzend wurden vom 40. Geburtstag an die Dekadenfeste begangen. Die Hauptrede hielt regelmäßig Jungmann, der ein Meister in diesem Fach der verulkenden Rede war.

In den vier Jahren meiner Lehrerschaft am Nicolaigymnasium war ich Klassenlehrer in Unter-, teils in Obertertia. Ich hatte zu unterrichten in Griechisch (zwei Jahre auch in Unterprima), Latein, Deutsch, Geographie, Französisch (nur Quarta). Eine Zeit lang gab ich auch Turnstunde in Tertia.

Am meisten Freude machte mir der Unterricht in den Tertien. Das Schülermaterial war in diesen teilweise ganz vorzüglich. Aus einem einzigen dieser Jahrgänge sind hervorgegangen: Ludolf Krehl[106] (berühmter Mediziner an der Univ[ersität] Heidelberg), Joh. Junck[107] (Rechtsanwalt am Reichsgericht u[nd] Reichstagsabgeordneter), Busch[108] (Geschichtsprofessor in Tübingen), Richard Schmidt[109] (Ju-

[105] Oskar (V.) HASE (1846–1921), Verlagsbuchhändler, Leiter des Musikverlages Breitkopf & Härtel.

[106] Ludolf [V.] KREHL (1861–1937), 1907–1930 Professor für Pathologie in Heidelberg; vgl. *NDB* 12, 1980, 733 f.

[107] Johannes JUNCK (1861–nach 1935), Justizrat.

[108] Wilhelm BUSCH (1861–1929), 1896–1910 Professor für Geschichte in Tübingen, darnach in Marburg.

[109] Richard SCHMIDT (1862–1944), 1891–1913 Professor für Staatsrecht usw. in Freiburg, ab 1913 in Leipzig; Autor einer *Allgemeine(n) Staatslehre* (2 Bände), Leipzig 1901–1903; vgl. *NDB* 23, 2007, 214 f.

rist an der Univ[ersität] Leipzig), Arthur Schmidt[110] (Jurist an der Univ[ersität] Gießen), Ficker[111] (Theologieprofessor in Straßburg).

Glanzpunkt in diesen Jahren waren meine 2- bis 3tägigen „Pfingstspritzen"[112] mit ca. 15 Obertertianern nach Thüringen und nach dem Harz. …

Während meiner Nicolaischulzeit hielt ich den Verkehr mit Curtius aufrecht und verfaßte ein paar sprachwissenschaftliche Aufsätze. In das letzte Jahr fiel die Abfassung zweier Aufsätze[113], die gegen Curtius oder besser: gegen die Auffassung, die man damals vom Vokalismus der indogermanischen Sprachen hatte und die besonders auch von Curtius vertreten wurde, gerichtet waren. Curtius hatte mich zum Mitherausgeber seiner „Studien zur griech[ischen] u[nd] lat[einischen] Grammatik" gemacht, die beim IX. Band standen. Die beiden Aufsätze, deren Ergebnisse, wenn sie richtig waren, die ganze Lehre vom indogermanischen Vokalismus in neue Bahnen lenken mußten, konnte ich, da ich den Tag über vollauf mit meinem Lehramt zu tun hatte, nur in der Nacht verfassen, u[nd] bei der Kürze der Zeit, die mir zur Abfassung überhaupt zur Verfügung stand, geriet die Form der Abhandlungen recht schlecht.

Curtius war auf Monate nach Italien gereist und sagte mir bei der Abreise, ich hätte bezüglich der Redaktion der „Studien" während seiner Abwesenheit natürlich freie Verfügung über Aufnahme und Nichtaufnahme von Aufsätzen. Für Beiträge von mir selbst verstand sich das aber ganz von selbst, da ich ja als Mitherausgeber auf dem Titel

---

[110] Arthur Benno SCHMIDT (1861–1940), Professor der Rechte in Gießen 1889–1913, ab 1913 in Tübingen.

[111] Johannes FICKER (1861–1944), Theologe und Archäologe, 1900–1919 Professor für Kirchengeschichte in Straßburg, 1919–1929 in Halle; vgl. *NDB* 5, 1961, 134.

[112] *Spritze* als Bezeichnung für einen Ausflug mit einem Wagen (offenbar speziell in Leipzig gebräuchlich) ist ursprünglich ein Wort der Studentensprache.

[113] Bei den beiden in CURTIUS' *Studien* erschienenen Aufsätzen handelt es sich um „Nasalis sonans in der indogermanischen Grundsprache" (*CS* 9, 1876, 285–338) und „Zur Geschichte der stammabstufenden Deklinationen. Erste Abhandlung: Die Nomina auf *-ar-* und *-tar-*" (ebd. 361–406).

stand. Als nun Curtius aus Italien zurückkam u[nd] meine beiden Aufsätze las, war er kreuzunglücklich, ließ mir durch seinen Freund Prof. Dohmke[114], der eigens deshalb in meiner Wohnung erschien, sagen, er nehme an, daß ich von ihm abgefallen sei, mich nicht mehr als seinen Schüler betrachten wolle, und dergleichen Torheiten mehr. Dieser Krach war dann auch der Anlaß dafür, daß Curtius die Studien mit dem X. Band eingehen ließ[115]. Der Riß war einmal da und wurde später erweitert durch Curtius' Schrift „Zur Kritik der neuesten Sprachforschung“[116], auf die ich mit einer Gegenschrift antwortete[117].

Ganz abgebrochen habe ich übrigens den Verkehr mit ihm nicht. Denn als ich in Leipzig Privatdozent geworden war, fragte er mich, ob ich bereit sei, jeden Sonntag gegen Abend 1 Stunde zu ihm zu kommen, damit wir uns über sprachwissenschaftliche Neuerscheinungen unterhielten und vielleicht eine Verständigung in wissenschaftlichen Fragen zwischen uns angebahnt werde. Ich ging dann hin und sah bald, daß das letztere Ziel unerreichbar sei. Denn er wich nicht einen Fuß breit von seinen alten Anschauungen, und sein ceterum censeo war: „über Ihre neue Auffassung haben Sie, wenn es hoch kommt, nur Wochen oder Monate nachgedacht, ich aber über meine Ansicht 30 Jahre, ergo ---“[118]. Da war denn nichts zu machen, und ich glaube, ich bin 5 oder 6 Sonntage in dieser Art mit ihm zusammengewesen.

Im Winter 1876/77, zum Teil auch schon vorher, war ich mit jüngeren Dozenten der Universität, die als Sprachforscher die gleichen Ziele wie ich verfolgten, in lebhaften Verkehr gekommen; namentlich

---

[114] Nicht ermittelt.

[115] Vgl. oben S. 23 f.

[116] Vgl. oben Anm. 69.

[117] KBs „Gegenschrift“ trägt den Titel *Zum heutigen Stand der Sprachwissenschaft*, Strassburg 1885. Zu dem Bruch mit CURTIUS vgl. des weiteren oben S. 22–27.

[118] Hierzu ist das Motto zu vergleichen, das CURTIUS „frei nach Euripides“ seiner Schrift voranstellte: ἐγὼ ποτ' αὐτὸς νυκτὸς ἐν μακρῷ χρόνῳ | ἐφρόντισ', οἷός ἐστιν ὀνομάτων βίος „Ich habe nachts über lange Zeit darüber nachgesonnen, wie das Leben der Wörter ist“.

mit Osthoff[119] und Hübschmann[120]. Wir kamen einmal die Woche regelmäßig im „Kaffeebaum"[121] zusammen, wo sich auch der Germanist

---

[119] Hermann OSTHOFF (1847–1909) kam nach der Promotion in Bonn (1869) und einigen Jahren im Schuldienst 1874 zu weiterem Studium nach Leipzig, wo August LESKIEN (vgl. unten Anm. 127) ihn am stärksten beeinflußte und er sich 1875 habilitierte; ab 1877 Professor für Vergleichende Sprachwissenschaft und Sanskrit in Heidelberg; begründete 1878 zusammen mit KB die *Morphologische(n) Untersuchungen auf dem Gebiete der indogermanischen Sprachen* (vgl. oben S. 19); zu seinen Hauptwerken zählen: *Forschungen im Gebiete der indogermanischen nominalen Stammbildung* (2 Bände), Jena 1875–1876; *Zur Geschichte des Perfects im Indogermanischen*, Strassburg 1884, und *Etymologische Parerga. I*, Leipzig 1901. Vgl. KBs Nachruf in *IF Anzeiger* 24, 1909, 218–223.

[120] Heinrich HÜBSCHMANN (1848–1908) hat sich nach der Promotion in München (1872) und weiteren Studien 1875 in Leipzig für arische Sprachen habilitiert; ab 1877 Professor der Vergleichenden Sprachwissenschaft in Straßburg; in dem Probevortrag bei seiner Habilitation wies er nach, daß das Armenische nicht zu den iranischen Sprachen gehört, sondern einen eigenständigen Zweig des Indogermanischen bildet; armenistische und iranistische Forschungen bestimmten sein weiteres Schaffen: vgl. *Persische Studien*, Strassburg 1895; *Armenische Grammatik. I: Armenische Etymologie*, Leipzig 1897 ([3]1972); „Die altarmenischen Ortsnamen", *IF* 16, 1904, 197–490, auch separat Strassburg 1904 (Nachdruck Amsterdam 1969); *Kleine Schriften*, hrsg. von Rüdiger SCHMITT, Hildesheim/New York 1976 (hier S. IX–XIV zu HÜBSCHMANN).

[121] Das Kaffeehaus „Zum Arabischen Coffe Baum" in der Kleinen Fleischergasse ist eines der ältesten in Europa. So wie Robert SCHUMANN und andere Musiker dort ihre Stammtischrunde hatten, trafen sich auch die 'Junggrammatiker' regelmäßig im „Kaffeebaum"; bei einem dieser Treffen, zu denen auch Karl VERNER (vgl. unten Anm. 122) aus Halle nach Leipzig kam, hat dieser den Leipzigern seine und Vilhelm THOMSENs Entdeckung des sog. Palatalgesetzes mitgeteilt, das dann OSTHOFF, *Morphologische Untersuchungen* I, 1878, 116ff. Anm. publik gemacht hat (vgl. Karl VERNER, „Zur Frage der Entdeckung des Palatalgesetzes", *LC* 1886, 1707–1710). Damals wurde der Nachweis dafür geliefert, daß die indogermanische Grundsprache nicht nur einen *a*-Vokal (wie im Indoiranischen), sondern die Trias *a, e, o* (wie in den europäischen Sprachen) besaß. – Über seine Treffen mit den Junggrammatikern berichtet VERNER wiederholt in seinen Briefen (vgl. Marius VIBÆKs Biographie in: Karl VERNER, *Afhandlinger og breve,* København/Leipzig 1903, LI–LV); das rege Leben in dem Leipziger Kreis hat auch KB in seinem Nachruf auf OSTHOFF (*IF Anzeiger* 24, 1909, 219) geschildert.

und Slawist Karl Verner[122], der in Halle an der Universitätsbibliothek angestellt war, öfters einfand.

Mein Verlangen, die Universitätslaufbahn einschlagen zu können, hatte stark zugenommen, obwohl ich mit Lust und Liebe auch Gymnasiallehrer war. Beides zu vereinigen, war damals nicht möglich, nur den Theologen (Kautzsch[123], Ryssel) war es gestattet, beiden Ämtern zugleich obzuliegen. Mein Vater sagte mir, er könne mich an der Universität 3 Jahre lang erhalten; wenn ich es dann aber nicht zu einem Gehalt gebracht hätte, müßte ich zum Gymnasium zurückkehren. Der damalige „Patron" der Nicolaischule, der Oberbürgermeister Georgi[124], den ich in der Angelegenheit sprach, sagte mir (freilich nur mündlich) zu, daß wenn ich genötigt sein sollte, nach 3 Jahren zum Gymnasiallehramt zurückzugreifen, er mich in derselben Gehaltsstaffel, mit der ich abgegangen sei, wieder in einem der beiden städtischen Gymnasien anstellen wolle. Daraufhin wagte ich es. Meine Habilitation für Sanskrit u[nd] vergleichende Sprachforschung vollzog

---

[122] Karl (Adolf) VERNER (1846–1896), dänischer Sprachwissenschaftler; nach dem Studium der Klassischen Philologie, Vergleichenden Sprachwissenschaft und Slavistik in Kopenhagen war er 1876–1882 Bibliothekar an der Universitätsbibliothek Halle und stand während dieser Zeit in regelmäßigem Kontakt mit den Leipzigern, v.a. mit KB; ab 1883 Dozent und ab 1888 Professor für slavische Sprachen und Literaturen in Kopenhagen; bei seinen Forschungen über die Akzentuation indogermanischer Sprachen entdeckte er das in dem Aufsatz „Eine ausnahme der ersten lautverschiebung" (*KZ* 23, 1877, 97–130) begründete, nach ihm benannte 'VERNERsche Gesetz'. Vgl. den Nachruf von KB, *IF Anzeiger* 7, 1897, 269–270 sowie die in Anm. 121 zitierte Biographie von M. VIBÆK.

[123] Emil Friedrich KAUTZSCH (1841–1910), Alttestamentler und Orientalist, ab 1863 Lehrer am Nicolai-Gymnasium in Leipzig; habilitierte sich 1869 und wurde 1872 als Ordinarius nach Basel berufen, wo er daneben auch noch als Lehrer tätig war; 1879–1888 Professor in Tübingen, darnach in Halle; seine wichtigsten Arbeiten sind der hebräischen Grammatik, der Archäologie des Heiligen Landes und der deutschen Übersetzung des Alten Testamentes gewidmet. Vgl. *NDB* 11, 1977, 376 f.

[124] Otto GEORGI (1831–1918), Jurist, 1876–1899 Bürgermeister bzw. Oberbürgermeister von Leipzig; hat sich um Entwicklung und Aufstieg der Stadt sehr verdient gemacht; vgl. *NDB* 6, 1964, 243. – Das Nicolai-Gymnasium war eine städtische Schule.

sich im Februar 1877: Habilitationsschrift[125]: Über die Suffixe -as-, -jas-, -vas- in den i[n]d[o]g[ermanischen] Sprachen, die in Kuhns[126] Zeitschrift abgedruckt wurde; Colloquium: Curtius, Zarncke, Leskien[127].

Die ersten Semester waren nun ganz u[nd] gar der Wissenschaft gewidmet. Das Gespenst, die Vorstellung, nach 3 Jahren wegen Nichterreichung einer besoldeten Stellung zum Gymnasium zurückgehen zu müssen, war rasch dadurch gebannt, daß mir 1878 Lipsius die Assistentenstelle am Kais[erlich] Russ[ischen] philologischen Seminar[128]

---

[125] Die Habilitationsschrift „Zur geschichte der nominalsuffixe *-as-*, *-jas-* und *-vas-*" erschien in *KZ* 24, 1879, 1–99.

[126] Adalbert KUHN (1812–1881), Indogermanist und Sagenforscher, Lehrer (später Direktor) am Köllnischen Gymnasium in Berlin; als Indogermanist Schüler von Franz BOPP; Begründer der Indogermanischen Altertumskunde (vgl. „Zur ältesten Geschichte der indogermanischen Völker", *Indische Studien* 1, 1850, 321–363) und der Vergleichenden Mythologie (vgl. *Die Herabkunft des Feuers und des Göttertranks. Ein Beitrag zur vergleichenden Mythologie der Indogermanen*, Berlin 1859, ^{2}1886). Vgl. *ADB* 17, 1883, 335–336. – Die von KUHN begründete *Zeitschrift für vergleichende Sprachforschung*, deren erste Hefte 1851 erschienen sind, bis heute oft „KUHNs Zeitschrift" (*KZ*) genannt, hat ihren Titel (u.a. nach der Vereinigung mit [KUHNs und SCHLEICHERS] *Beiträgen zur vergleichenden Sprachforschung* [1858–1874] und mit BEZZENBERGERS *Beiträgen zur Kunde der indogermanischen Sprachen* [1877–1906]) wiederholt geändert und erscheint seit Band 101 (1988) als *Historische Sprachforschung.*

[127] August LESKIEN (1840–1916), Sprachwissenschaftler und Slavist; nach Studium u.a. in Kiel und Leipzig bei CURTIUS (Promotion 1864 in Leipzig), weiteren Studien in Jena bei August SCHLEICHER (1821–1868) und der Habilitation 1867 in Göttingen 1868–1870 Extraordinarius für vergleichende Sprachkunde und Sanskrit in Jena, ab 1870 Professor für slavische Sprachen in Leipzig; seine Hauptwerke sind: *Handbuch der altbulgarischen (altkirchenslawischen) Sprache*, Weimar 1871; *Die Declination im Slavisch-Litauischen und Germanischen*, Leipzig 1876, und *Der Ablaut der Wurzelsilben im Litauischen*, Leipzig 1884. Vgl. unten S. 87 f. und KBs Nachruf in *BVSGW* 68, 1916, 16*–30*. LESKIEN war von immensem Einfluß auf die Entwicklung der Sprachwissenschaft in den 1870er und 1880er Jahren, als oft „bei ihm im Kolleg mehr Leute in Amt und Würden, jüngere Gymnasiallehrer, Privatdozenten und Professoren, gesessen haben als Studenten" (vgl. dort S. 20*).

[128] Das Russische Philologische Seminar ist von der Kaiserlich Russischen Regierung 1873 an der Universität Leipzig gegründet worden, um Abiturienten russischer

anbot, die 1500 M[ark] eintrug. Die russische Regierung hatte ein paar Jahre vorher dieses Seminar gegründet, um junge klassische Philologen ausbilden zu lassen (jeder Stipendiat bekam 1200 M[ark] im Jahr); von den Bewerbern um unsere Seminarstellen wurden die mit den besten Abiturientenzeugnissen uns zugeschickt. Ein Direktor (zuerst Ritschl, dann Lipsius) und 2 Assistenten leiteten das Institut, u[nd] jeder von uns hatte wöchentlich 4 Stunden zu geben. Ich hatte bis zu meinem Abgang vom Seminar (1884) nur Griechisch zu dozieren, teils Schriftstellerinterpretation, teils grammatische (bes. syntaktische) Übungen: dozieren mußten wir in lateinischer Sprache, weil viele von den Russen Deutsch zu wenig konnten. Nach 6 Semestern machten diese Russen bei uns in Leipzig ihr Staatsexamen: wer es bestand, wurde sogleich in Rußland Gymnasiallehrer, und wer die Note I errang, hatte damit ohne weiteres die Berechtigung, in Rußland Universitätsdozent zu werden (dieses wurde zu meiner Zeit Zielinski[129], v. Stern[130], Lezius[131]).

Gymnasien zu Lehrern der beiden klassischen Sprachen auszubilden. Zum Ausgleich ihres geringeren Ausbildungsstandes wurden für diese Stipendiaten – bis zu 30 an der Zahl – besondere Übungen und Kurse abgehalten. Die Leitung des Seminars, das bis 1890 bestand, wurde dem Latinisten RITSCHL (vgl. Anm. 70) übertragen, dessen Initiative es zu verdanken war, und nach dessen Tod LIPSIUS (vgl. Anm. 93). Vgl. Otto RIBBECK, *Friedrich Wilhelm Ritschl. Ein Beitrag zur Geschichte der Philologie.* II, Leipzig 1881, 405–407; ferner *Festschrift zur Feier des 500jährigen Bestehens der Universität Leipzig. 4. Band, 1. Teil: Die Institute und Seminare der Philosophischen Fakultät*, Leipzig 1909, 18 f.

[129] Tadeusz Stefan ZIELIŃSKI (1859–1944), polnischer Klassischer Philologe; ab 1884 Dozent in St. Petersburg; ebenda 1887 außerordentlicher, 1890–1920 ordentlicher Professor; ab 1920 Professor in Warschau; von großem Einfluß durch die Entdeckung der Rhythmik in der lateinischen Kunstprosa (z.B. Ciceros Reden) sowie durch weit ausgreifende Studien zur antiken Literatur-, Kultur- und Religionsgeschichte.

[130] Ernst Nikolaj Konstantin FON ŠTERN (1860–1942), Klassischer Philologe.

[131] Wohl Joseph LEZIUS (*1860), der Autor zweier in Dorpat gedruckter Dissertationen über Plutarchs Quellen für die Galba- und Otho-Biographie (1884) sowie Alexanders Indienzug (1887).

Wir Seminarlehrer hatten auch eine Art von moralischer Beaufsichtigung der jungen Leute auszuüben, die aber – was in der Großstadt natürlich war – mehr von der russischen Regierung gewünscht war, als daß sie praktisch betätigt werden konnte. Unser direkter „Vorgesetzter" im russ[ischen] Unterrichtsministerium [war] der wirkl[iche] Geh[eime] Rat von Georgiewski[132]. Dieser Herr kam jährlich einmal nach Leipzig zur Revision (gewöhnlich mit seiner Frau, beide reisten dann von Leipzig weiter in ein Bad, Biarritz oder dgl.), er blieb da 3–4 Tage, wohnte einzelnen Unterrichtsstunden bei und besprach sich in Konferenzen mit uns. Er verstand von der Sache selbst blutwenig. Einen Abend war regelmäßig Einladung bei Lipsius, mit Damen. Dann noch ein Herrenabend, an dem auf die Kulturbestrebungen Rußlands u. dgl. eine Rede gehalten wurde, für die dann v. Georgiewski dankte. Einst war von Lipsius zu dem Herrenabend, in „Äckerleins Keller", der Rektor des Thomasgymnasiums, Eckstein[133], geladen. Dieser feierte in schwungvoller Rede „den berühmten Organisator des russischen Universitäts- und Schulwesens" und als er am Schluß dessen Namen erwähnen wollte, kam „von Tschortschéwo" statt v. Georgiewski heraus. Dieser Herr war äußerst trinkfest und unsern zierlichen Weingläsern abhold, die er so leerte, wie wenn man in Deutschland einen kleinen Cognak hinter die Binde gießt. Daher desselbigen Abends, wo Eckstein seine Rede hielt, der Prof[essor] Leu-

[132] Aleksandr Ivanovič (FON) GEORGIEVSKIJ (1830–1911), um die Bildungsreform in Rußland verdienter Gelehrter (Historiker und Pädagoge) und Staatsmann, Staatsrat im russischen Ministerium für Volksaufklärung; er wurde 1871 zum Studium der Schul- und Bildungssysteme ins Ausland (nach Preußen, Sachsen, Österreich usw.) geschickt; zu den daraufhin entwickelten Reformprojekten gehört auch die Einrichtung des Russischen Philologischen Seminars in Leipzig (vgl. oben Anm. 128); 1866–1881 war er Redaktor der Zeitschrift des Ministeriums (*Žurnal Ministerstva Narodnago Prosveščenija*).

[133] Friedrich August ECKSTEIN (1810–1885), Klassischer Philologe, der über Didaktik der klassischen Sprachen gearbeitet hat; Gymnasialprofessor, 1863–1881 Rektor des Thomas-Gymnasiums. Vgl. *NDB* 4, 1959, 304 f.

ckart[134], der damals Universitätsrektor war und neben v. Georgiewski saß, diesem heimlich ein Wasserglas statt des Weinglases unterschob, also daß der Russe von da an den Wein aus dem Wasserglas genoß.

v. Georgiewski hatte seine beiden Söhne in unser Seminar gegeben, beides begabte Leute; der eine wurde bald nach Absolvierung des Seminars in Petersburg Gymnasialdirektor, der andere (ebenfalls in Petersburg?) Gymnasialinspektor. Der letztere, der jüngere, verliebte sich in Leipzig in eine Gärtnerstochter, wollte sie heiraten, holte sich aber einen entschiedenen Korb. Als er sich dann durch Öffnen der Pulsader ums Leben zu bringen suchte u[nd] dies nicht gelang, griff er zur Pistole, was auch nur eine Verwundung zur Folge hatte. Im städtischen Krankenhaus wurde er von Tirsch [sic][135], unserm Ordinarius für Chirurgie, behandelt. Lipsius war damals verreist, und ich vertrat ihn, mußte also auch im Krankenhaus nach dem Rechten sehen u[nd] dem Alten nach Petersburg täglich berichten. Als Tirsch die Wunde untersucht hatte, sagte er zu mir: der junge Mann hat eine ausgezeichnete Konstitution, wir müssen ihn daher hauptsächlich pädagogisch hier behandeln, um ihm die Schießerei für die Zukunft zu verleiden; ich werde ihm daher vorläufig keine schmerzstillenden Mittel geben.

1879 oder 80 rückte ich in die erste Assistentenstelle auf (2400 M[ark]).

In den Universitätsferien war ich, solange ich noch unverheiratet war, meist einige Zeit in Wiesbaden. Einmal machte ich auch mit Meister u[nd] ein paar andern Freunden eine Reise in den Schwarzwald (Freiburg) und von da aus weiter in die Schweiz (Rigi). Ein andermal war ich mit Oskar in den Osterferien in Italien (Verona, Florenz, Bologna, Rom, wo wir mit den ragazzi des archäologischen

---

[134] Rudolf LEUCKART (1822–1898), Zoologe, ab 1869 Professor in Leipzig, 1877/78 Rektor der Universität; sein Hauptwerk ist *Die menschlichen Parasiten* [2. Aufl.: *Die Parasiten des Menschen*] *und die von ihnen herrührenden Krankheiten* (2 Bände), Leipzig 1862–1876 (^{2}1879–1901). Vgl. *NDB* 14, 1985, 372 f.

[135] Carl THIERSCH (1822–1895), einer der berühmtesten Chirurgen seiner Zeit, ab 1867 Ordinarius für Chirurgie in Leipzig, 1876/77 Rektor der Universität; vgl. *ADB* 55, 1910, 255–263.

Instituts verkehrten und öfters abends im Falcone mit ihnen kneipten, Neapel, Capri, Paestum). Von Rom aus, auf der Rückreise, besuchten wir zu Wagen Tivoli. ... Von Neapel aus gingen wir zu Fuß auf den Vesuv. Das letzte, beschwerliche Stück der Besteigung ging mit uns ein junger Engländer, vor dem her in einem Tragesessel sein Vater sich hinaufbefördern ließ. Oben angekommen fiel der Sohn infolge Herzschlags tot hin. Die Fahrt nach Paestum machten wir von der Station Eboli aus; es wurde damals viel von der Unsicherheit der Gegend von Paestum geredet, und eine Zeit lang durfte man nur in Begleitung von Carabinieri hinfahren. ...

Die Herbstferien 1880 fuhr ich auf 3 Monate mit meinem Freund Leskien (Prof[essor] der slawischen Sprachen in Leipzig) nach Litauen[136]. Ich hatte mich schon vor der Reise mit der litauischen Sprache bekannt gemacht, erfuhr durch einen preußischen litauischen Pastor, mit dem Leskien schon im Jahr zuvor auf einer Reise nach Litauen bekannt geworden war, daß ein Herr von Frenzel[137] in Godlewa[138] bei Kowno[139], also im russischen Litauen, ein Großgrundbesitzer, bereit sei, mich bei sich, wenn ich zum Zweck der Sprachstudien die Gegend besuchen wolle, aufzunehmen. Ein Briefwechsel mit v. Frenzel bestätigte das.

---

[136] Das ehemalige Großfürstentum Litauen gehörte seinerzeit zu Rußland; KB hielt sich im Gouvernement Kowno (vgl. Anm. 139) auf, während LESKIEN seine Forschungen unter den protestantischen Litauern Ostpreußens unternahm; in der Publikation (vgl. Anm. 143) dankt er dem „Pfarrer Böttcher in Wilkischken" [litau. *Vilkiškiai*] und dem Gutsbesitzer „Merlecker in Nepertlauken".

[137] Gutsbesitzer „Georg von Frentzel" in „Pojess" östlich von Godlewa, wie KB in dem Buch von 1882 (vgl. Anm. 143), S. 83, schreibt.

[138] Godlewa ist der polnische Name der litauischen Kleinstadt Garliavà (in KBs Publikation „Garlevà"; russ. Garljava) südwestlich von Kaunas/Kowno; in der „Umgegend dieses Kirchdorfs", nämlich östlich davon, lagen die Güter, auf denen KB sich aufhielt.

[139] Kowno ist der frühere russische (und polnische) Name der alten litauischen Stadt Kaunas (deren älterer deutscher Name Kauen ist); seinerzeit war Kowno die Hauptstadt des gleichnamigen russischen Gouvernements.

Ich fuhr also mit Leskien über Königsberg (wo ich Kurschat[140] aufsuchte, aber nur seine Frau zu sprechen bekam) ins Litauische. Leskien blieb bei jenem Pastor auf preußischem Boden, ich weiter bis Kowno, wo mich v. Frenzel auf der Station mit seinem Jagdwagen abholte. Mein Zweck war, den Dialekt von Godlewa zu studieren und wo möglich Texte (Märchen und Volkslieder) in diesem Dialekt zu sammeln. v. Frenzel besaß genau ¼ Quadratmeile, die er von seinem Vater geerbt hatte, der im Anfang des 19. Jahrh[underts] eine Quadratmeile angekauft und dann vier Erben zu gleichen Teilen hinterlassen hatte. Er war verheiratet, hatte aber 2 Pflegetöchter, Schwestern, von denen die eine als geisteskrank in einer Anstalt lebte, während die andre mit auf dem Gut lebte, aber als Malerin und gelehrtes Frauenzimmer in dieses Landleben recht schlecht hineinpaßte. Ich war die 7–8 Wochen, die ich auf dem Gut verbrachte, meist unterwegs, um mit den Bauern Litauisch zu sprechen. Im Anfang, etwa 10 Tage, ging ich mit einem jungen Litauer, den ich mir dazu gemietet hatte, fast den ganzen Tag spazieren.

Bei einem lahmen Schneider, der etwa 20 Minuten vom Gutshof entfernt wohnte, hatte ich dann mein Hauptquartier. Der Schneider, eine Art literarische Größe in seiner Gegend (er kannte die besten Märchenerzählerinnen und -erzähler und die besten Liedersängerinnen in der ganzen Gegend), bestellte mir die geeignetsten Personen zu sich. An einem wochenlang für mich reservierten Tisch ließ ich mir dann die Märchen u[nd] Dainos (Lieder) erzählen und singen und schrieb nach. Acht Tage darauf – nachdem ich zu Haus das Niedergeschriebene für mich durchgegangen hatte – mußte dann dieselbe Person mir das Märchen oder Lied zur Kontrolle nochmals vortragen. Die letzten Wochen verbrachte ich auf einem andern Gut, bei den Ge-

---

[140] Friedrich KURSCHAT (1806–1884), litauischer Prediger und Philologe, Lektor für Litauisch an der Universität Königsberg (ab 1871 Professor), Pionier der Erforschung des Litauischen (eigtl. Fridrichas KURŠAITIS); seine Hauptwerke sind: *Beiträge zur Kunde der littauischen Sprache* (2 Hefte), Königsberg 1843–1849; *Deutsch–littauisches Wörterbuch* (2 Bände), Halle 1870–1874; *Grammatik der littauischen Sprache*, Halle 1876; *Littauisch–deutsches Wörterbuch*, Halle 1883.

schwistern (Bruder und Schwester) v. Henkel[141], wo ich die „berühmteste“ Märchenerzählerin der ganzen Gegend ausbeuten konnte, freilich nicht lange genug, da ich der Rückreise wegen abbrechen mußte. Bei Herrn v. Frenzel machte ich zwei Wolfsjagden mit: Treibjagden, bei denen ich mit einer Flinte bewaffnet einem der geübten Jäger attachiert wurde; freilich kamen weder er noch ich zum Schuß, vielmehr hatten entfernter von uns Aufgestellte das Glück. Das eine Mal wurde ein Wolf, das zweite Mal zwei Stück erlegt. Nach der Jagd, zu der eine ganze Anzahl von Gutsbesitzern und Oberförstern aus der Gegend zusammenkamen, wurde bis tief in die Nacht hinein getafelt und mächtig gezecht. Von der einen Zecherei kamen wir erst bei hellem Tageslicht mit unserm Fuhrwerk nach v. Frenzels Gut zurück.

Zur Kennzeichnung der Sitten des Volkes um Kowno mag zweierlei dienen. Als wir bei v. Frenzel früh zum Kaffee zusammensaßen, kam der Inspektor ins Zimmer, um zu melden, in der Nacht sei ein Kalb gestohlen worden. Das wurde nun nicht etwa auf einer Polizeibehörde gemeldet, sondern auf einer „Diebsagentur“, die ein Jude in Kowno unterhielt. Man bot diesem einen gewissen Betrag an unter der Bedingung, daß er das gestohlene Vieh wiederbeschaffe. Das in Rede stehende Kalb wurde dann richtig in einigen Tagen gegen so und so viel Rubel Herrn v. Frenzel durch den Diebsagenten zurückgeliefert. Ein anderes: Herr v. Frenzel mußte, während ich dort war, seinen Kutscher wegen zu übermäßiger Sauferei entlassen und mietete eines Morgens, während ich dabei war, einen neuen. Dieser bedang sich aus, alle 14 Tage einen Tag frei zu bekommen, um sich an dem Tag betrinken zu können. Diese Angelegenheit wurde zwischen v. Frenzel und dem Mann in ganz geschäftsmäßigem Tone wie etwas sich von selbst Verstehendes besprochen.

Einmal hat uns dieser neue Kutscher im Wagen umgeschmissen, freilich ohne bezecht zu sein. Recht peinlich war mir, daß ich fast nie die Wege zu meinen Märchenleuten zu Fuß machen durfte, wie ich so

---

[141] Gutsbesitzer „August von Hencke“ in „Rożelen“ östlich von Godlewa nach KBs Angaben von 1882 (vgl. Anm. 137).

gern getan hätte, um unterwegs mich noch mehr mit den Leuten im Gespräch einlassen zu können. v. Frenzel ließ immer für mich anspannen. Er sagte, wenn er mich gehen ließe, käme er bei den Bauern ins Gerede, daß er seinen Gast nicht würdig behandle. Die Heimwege machte ich allerdings gewöhnlich zu Fuß, da ich den Wagen nicht wohl Stunden lang warten lassen konnte. Eine Geldentschädigung für meinen Aufenthalt auf den Gütern den Besitzern zu geben, war ausgeschlossen. Ich konnte mich nur durch Trinkgelder an das Personal einigermaßen revanchieren.

Mit v. Frenzels habe ich nach meiner Rückkehr noch ein paar Jahre in Briefwechsel gestanden. Auch hat mir die malende Pflegetochter einmal Aquarellzeichnungen zu einem Grimmschen Märchen (in mächtigem Format) zugehen lassen mit dem Ersuchen, zuzusehen, ob eine Leipziger Kunsthandlung es übernehmen wolle, daraus ein Prachtwerk für den Buchhandel zu machen: Abdruck des Textes des Märchens mit den etwa 6 ganzseitigen farbigen Bildern. Ich sah sofort, daß keiner diese dilettantische Leistung in Verlag nehmen würde, mußte aber doch bei zwei Firmen anklopfen, um meinen guten Willen zu zeigen, und schickte dann die Mappe nach Godlewa zurück.

Einige Jahre nach 1880 hörte ich in Leipzig, v. Frenzel sei mit seinem Landgut in Bankrott gekommen.

Zu dieser litauischen Reise hatte ich einen Betrag (800 oder 1000 M[ark]) aus der an der Leipziger Universität bestehenden Albrechts-Stiftung[142] bekommen. – Den wissenschaftlichen Ertrag der Reise gab ich 1882 mit Leskien zusammen heraus unter dem Titel „Litauische Märchen aus dem preußischen und dem russischen Litauen“ (Straßburg, Trübner)[143]. An der Übersetzung der litau[ischen] Märchen

---

[142] Die Albrechts-Stiftung für die Universität Leipzig ist 1877 aufgrund testamentarischer Verfügung des Geheimen Hofrats (Wilhelm) Eduard ALBRECHT (1800–1876) errichtet worden und hatte unter anderem den Zweck, Professoren der Universität bei wissenschaftlichen Reisen zu unterstützen. ALBRECHT war einer der ‘Göttinger Sieben’ gewesen und seit 1840 Professor der Rechte in Leipzig.

[143] *Litauische Volkslieder und Märchen aus dem preussischen und dem russischen Litauen*, gesammelt von A. LESKIEN und K. BRUGMAN, Strassburg 1882. Von LES-

arbeitete ich noch, als ich in Suderode[144], wohin ich mir die Arbeit mitgenommen hatte, mit Frl. Valeska Berner[145] verkehrte.

Von da an mag nun das „Schwarze Buch" weitererzählen, in dem u.a. von meinen zwei andern großen Auslandsreisen, nach Griechenland und nach den Vereinigten Staaten, erzählt ist.

KIEN sind S. 1–80 „Litauische Volkslieder aus der Gegend von Wilkischken", von KB S. 81–348 „Litauische Lieder, Märchen, Hochzeitbittersprüche aus Godlewa" und S. 349–510 die Übersetzung der 47 Märchen. Es versteht sich von selbst, daß in dieser Textsammlung zugleich auch ein wichtiger Beitrag zur Volkskunde vorliegt.

[144] (Bad) Suderode ist ein nahe Quedlinburg im Harz gelegener Kurort.

[145] Vgl. Anm. 2.

ANHANG: AUSZÜGE AUS DEM „SCHWARZEN BUCH“

1. GRIECHENLANDREISE 1893

7. März fahre ich (mit meinem Reisestipendium von 1000 M[ark] aus der Albrechtstiftung[146] versehen) nach Griechenland. Mit der Bahn über Wien[147] nach Triest. Von da mit dem Dampfer nach Corfu[148] (8 Tage Aufenthalt). In Corfu mit Buresch[149], John Schmidt[150] und Kephallenós[151] zusammen. Wohnung in der Pension Julie Michel. Holger

---

[146] Vgl. Anm. 142.

[147] Die Reise ging über Wien und Graz, zwei Städte, die KB bis dahin nicht gekannt und in denen er sich damals auch nicht aufgehalten hat, wie er 1894 an Hugo SCHUCHARDT schrieb (vgl. H. SELDESLACHTS/P. SWIGGERS, „‘Ein so alberner Wicht ... bin ich Gottlob nicht!’: Das schwierige Verhältnis zwischen Karl Brugmann und Hugo Schuchardt“, *Orbis* 38, 1995, 206 f.).

[148] Aus einem Brief Holger PEDERSENs (vgl. nähere Angaben in Anm. 152) vom 14. März 1893 aus Korfu (Κέρκυρα), das erst seit 1864 zu Griechenland gehörte und schon damals ein beliebtes Reiseziel war, erfährt man weitere Einzelheiten zu der Fahrt (über Brindisi) mit dem Dampfschiff „Medusa“ des Österreichischen Lloyd und zur Unterkunft in der „Pension Julie“, einem guten und billigen Hotel, wo man allerdings (zur Enttäuschung der beiden Sprachwissenschaftler) bloß Italienisch, Französisch und Deutsch hörte und wo nur das Dienstmädchen auch Griechisch sprach.

[149] Karl BURESCH (1862–1896), Klassischer Philologe, Privatdozent in Leipzig, der hervorgetreten ist durch epigraphische Feldforschung in Griechenland und Kleinasien; Schüler von RITSCHLs Leipziger Nachfolger, dem Latinisten Otto RIBBECK (1827–1898), der postum BURESCHs nachgelassenes Werk *Aus Lydien. Epigraphisch-geographische Reisefrüchte*, Leipzig 1898, herausgab.

[150] John SCHMITT [sic] (1856–1906), amerikanischer Philologe, der auf byzantinisch- und neugriechischem Gebiet arbeitete (Dissertation über *Die Chronik von Morea*, München 1889); 1898 in Leipzig habilitiert.

[151] Kephallenos (Κεφαλληνός), Gymnasiallehrer auf Korfu, mit dem auch PEDERSEN öfters zusammen war, wie dessen Briefen (vgl. Anm. 152) zu entnehmen ist.

Pedersen[152], mit dem ich von Leipzig nach Corfu fuhr, bleibt in Corfu, um Albanesisch zu studieren. Von Corfu nach Patras zu Schiff, weiter mit der Bahn nach Athen (Hôtel d'Athènes, Ξενοδοχεῖον τῶν Ἀθηνῶν). In Athen 2 Wochen. Verkehr mit den Deutschen vom archäolog[ischen] Institut, mit Lolling[153], Director Bulić[154] aus Spalato, Hatzidakis[155], Dr. Clon Stephanos[156], Skias[157], Deffner[158]. Mit Dr.

---

152 Holger PEDERSEN (1867–1953), dänischer Indogermanist, der sich vornehmlich mit den wenig erforschten oder neu erschlossenen Sprachen beschäftigte; nach Philologiestudium in Kopenhagen (u.a. bei Karl VERNER und Vilhelm THOMSEN) und Staatsexamen wandte er sich der Vergleichenden Sprachwissenschaft zu; ab 1900 Dozent, ab 1903 Extraordinarius in Kopenhagen; als Nachfolger THOMSENs 1914–1937 Professor für Vergleichende Sprachwissenschaft ebenda. Während seiner großen Studien- und Forschungsreise 1892–1896, über die wir durch die Briefe an seine Kopenhagener Lehrer gut unterrichtet sind (vgl. *Ung sprogforsker på rejse. Breve fra og til Holger Pedersen 1892–1896*, hrsg. von R. BENTZEN, København 1994), studierte er 1892/93 in Leipzig (v.a. bei KB und LESKIEN); im März 1893 reiste er mit KB nach Korfu, wo er bis August 1893 blieb; die hauptsächliche Frucht seiner dortigen Studien sind *Albanesische Texte mit Glossar*, Leipzig 1895. – Vgl. R. SCHMITT, „Einführung“, in: H. P., *Kleine Schriften zum Armenischen*, Hildesheim/New York 1982, VII–XVIII.

153 Habbo Gerhard LOLLING (1848–1894), Archäologe, Kustos und Bibliothekar des Deutschen Archäologischen Instituts; wirkte an Ausgrabungen mit, edierte Inschriften und arbeitete über griechische Landeskunde; sein Hauptwerk ist *Hellenische Landeskunde und Topographie*, Nördlingen 1889.

154 Frane BULIĆ (1846–1934), Archäologe, Direktor des Archäologischen Museums in Spalato/Split; edierte u. a. die in diesem Museum aufbewahrten griechischen und lateinischen Inschriften, und er publizierte eine Biographie des Kaisers Diokletian (Spalato 1916; italienisch) und ein Buch über *Kaiser Diokletians Palast in Split*, Zagreb 1929.

155 Georgios N. HATZIDAKIS (1848–1941), griechischer Philologe, Professor in Athen und Pionier der wissenschaftlichen Erforschung des Neugriechischen und seiner Dialekte, insbesondere durch seine *Einleitung in die neugriechische Grammatik*, Leipzig 1892.

156 Clōn STÉPHANOS (1854–1915) veröffentlichte die Inschriften der Insel Syros (1875) und *La Grèce au point de vue naturel, ethnologique, anthropologique, démographique et médical* (Paris 1884).

157 Andreas SKIAS (1861–1922), griechischer Archäologe und Philologe, u.a. Autor einer Abhandlung Περὶ τῆς Κρητικῆς διαλέκτου [Über den kretischen Dialekt] (Athen 1891).

Friedrich[159] aus Schweinitz über Korinth nach Nauplia, von wo wir Tiryns, Argos und Mykene besuchten. Ferner nach Olympia, wo wir die Gyro-Leute unter Dörpfelds[160] Führung antrafen. Übernachtung in Pyrgos. Von Patras zu Schiff nach Corfu, wo ich wiederum 8 Tage blieb. In Athen war ich die Nachmittage immer mit einem Studenten[161], Λούβαρις, ebenso in Corfu mit einem Primaner des Gymnasiums zusammen, um Griechisch zu sprechen. In Corfu schlechtes Wetter und tumultuarisches Osterfest. Von Corfu über Brindisi nach Triest mit der Berenice des österr[eichischen] Lloyd: Fürchterlich die Seekrankheit gehabt. Von Triest mit der Bahn nach Venedig, wo ich bei schönstem Wetter zwei Tage verlebte (Hôtel de Munich, Albergo Monaco). Von da über Verona (7 Stunden Aufenthalt) mit der Brennerbahn nach München (1 Tag Aufenthalt: Paul[162], Kuhn[163],

---

[158] Josef Michael DEFFNER (1848–1934), ging nach dem Philologie-Studium in Leipzig (Promotion 1871) nach Athen; dort ab 1872 Dozent an der Universität, 1877–1910 Leiter der Nationalbibliothek; betrieb Dialektforschungen, v. a. auf der Peloponnes zum Tsakonischen (*Zakonische Grammatik*, Berlin 1881). Vgl. *NDB* 3, 1957, 555 f.

[159] Nicht ermittelt.

[160] Wilhelm DÖRPFELD (1853–1940), Bauforscher und Archäologe; das wichtigste Verdienst des bekannten Ausgräbers von Olympia, Troia usw. ist die Einführung von modernen Grabungsmethoden. Vgl. *NDB* 4, 1959, 35 f.

[161] Nicht ermittelt.

[162] Hermann PAUL (1846–1921), Germanist und Sprachwissenschaftler, Schüler von ZARNCKE (vgl. Anm. 71); nach Promotion (1870) und Habilitation (1872) in Leipzig ab 1874 in Freiburg und ab 1893 in München Professor für deutsche Sprache und Literatur; einer der Germanisten unter den Junggrammatikern, der durch sein Hauptwerk *Principien* [später: *Prinzipien*] *der Sprachgeschichte* (Tübingen 1880, [10]2002) die sprachtheoretische Begründung dieser Forschungsrichtung lieferte. Vgl. *NDB* 20, 2001, 115 f.

[163] Ernst W(ilhelm) A(dalbert) KUHN (1846–1920), Sprachwissenschaftler und Indologe; der Sohn Adalbert KUHNs (vgl. Anm. 126) lehrte, nach Promotion (1869) und Habilitation (1871) in Halle, 1872–1875 als Privatdozent in Leipzig und war nach einem kurzen Zwischenspiel in Heidelberg (1875–1877) von 1877 bis 1920 Ordinarius für Arische Philologie in München; wichtige Arbeiten zum Pāli und zu den Sprachen Hinterindiens. Vgl. *NDB* 13, 1992, 257.

Krumbacher[164], v. d. Pfordten[165] besucht). Ankunft in Leipzig am 21. April.

* * *

2. USA-Reise 1896

24. September fuhr ich nach Bremen und von dort am 26. Sept. mit dem Postdampfer H. H. Meier des Bremer Lloyd nach New York. Dort am 7. Okt. Abends angekommen. Ausschiffung am andern Morgen. Vom 8. bis 10. Okt. in New York und Yonkers bei New York, wo ich bei Prof. Jackson[166] (Columbia University) wohnte. 10. Okt. mit Hudson-Dampfer nach Albany. Am 11. Okt. von dort mit der Eisenbahn nach Niagara-Falls, die ich während 2 Tage betrachtete. Am 13. Okt. Abends nach Ithaca (Cornell University), wo ich zwei Tage Gast von Prof. Wheeler[167] war. In der Nacht vom 15. auf 16. Okt. nach Princeton gefahren, wo ich eingeladen war, das 150jährige Jubiläum der Universität mitzumachen, einen Vortrag zu halten und den Doctor of Laws honoris causa zu bekommen. Ich war nebst Prof.

---

[164] Karl KRUMBACHER (1856–1909), Begründer der modernen Byzantinistik, ab 1897 Professor für mittel- und neugriechische Sprache und Literatur in München; Hauptwerk: *Geschichte der byzantinischen Literatur von Justinian bis zum Ende des Oströmischen Reiches*, München 1891, ²1897 (Nachdruck New York 1970).

[165] Hermann Ludwig V. D. PFORDTEN (1857–1933), ursprünglich Gräzist, in München 1879 promoviert (Dissertation: *De dialecto Thessalica commentatio*); nach weiteren Arbeiten über das griechische Verbum wandte er sich völlig musikwissenschaftlichen Studien, v.a. solchen über die Bühnenwerke Richard Wagners, zu.

[166] A. V. Williams JACKSON (1862–1937), amerikanischer Iranist und Indologe; weilte nach der Promotion (Columbia University 1886) wiederholt zu Studien in Deutschland, v.a. bei Karl Friedrich GELDNER; lehrte 1895–1935 als Professor für indoiranische Sprachen und Literaturen in New York; vgl. W. W. MALANDRA, *Encyclopaedia Iranica* XIV/3, 2007, 318–323.

[167] Benjamin Ide WHEELER (1854–1927), amerikanischer Gräzist und Indogermanist, der bei OSTHOFF in Heidelberg studiert hat (Promotion 1885); ab 1886 Professor an der Cornell University, 1899–1919 Präsident der University of California.

Conrad[168] aus Halle, Prof. Lowden[169] aus Dublin u[nd] Frau, Schriftsteller Warner[170] u[nd] Frau Logiergast bei dem Historiker Prof. Sloane[171]. Mein Vortrag[172] (über die Genera der Nomina in den indogermanischen Sprachen) fand 19. Okt. statt. Das Jubiläum dauerte 3 Tage (20.–22. Oktober). Am 23. früh nach New York gefahren, wo uns europäischen Ehrengästen der University Club noch ein großes Dîner und eine Reception gab. Vom 23. bis 26. Oktober war ich wieder Logiergast von Jackson in Yonkers. 26. Okt. Abends zum Hôtel Mein in Hoboken, wo auch Prof. Klein[173] aus Göttingen eintraf. Mit diesem fuhr ich am 27. Okt. Vorm[ittags] mit dem Schnelldampfer des Bremer Lloyd „Lahn" ab u[nd] nach sehr stürmischer Fahrt kamen wir 4. Nov[ember] in Southhampton [sic], am 5. Nov. in Bremen an. Freitag 6. Nov. früh in Leipzig eingetroffen. Ich übernahm sofort die Procancellariat-Geschäfte[174], welche mein Amtsvorgänger Ratzel[175] seit

---

[168] Johannes CONRAD (1839–1915), Nationalökonom, ab 1872 Professor in Halle; sein Hauptwerk ist ein *Grundriß zum Studium der politischen Ökonomie* (4 Bände), Jena 1896–1900. Vgl. *NDB* 3, 1957, 335.

[169] Nicht ermittelt.

[170] Wahrscheinlich Charles Dudley WARNER (1829–1900), Essayist und Romanschriftsteller.

[171] William Milligan SLOANE (1850–1928), Philologe und Historiker; studierte in Berlin und Leipzig (Promotion 1876); ab 1883 Professor für Geschichte am College of New Jersey (das seit 1896 Princeton University heißt).

[172] KBs Vortrag erschien als: *The Nature and Origin of the Noun Genders in the Indo-European Languages: A Lecture Delivered on the Occasion of the Sesquicentennial Celebration of Princeton University*, New York 1897.

[173] Felix KLEIN (1849–1925), Mathematiker; nach Professuren in Erlangen und München 1880–1886 Professor für Geometrie in Leipzig, ab 1886 in Göttingen.

[174] Der Prokanzler war die für die Durchführung der akademischen Prüfungen, v.a. der Promotionen, zuständige Instanz.

[175] Friedrich RATZEL (1844–1904), der bekannte Geograph, Begründer der Anthropogeographie und politischen Geographie; 1880–1886 Ordinarius an der Technischen Hochschule München, von 1886 bis zu seinem Tod Professor für Geographie in Leipzig; seine Hauptwerke sind: *Anthropo-Geographie oder Grundzüge der Anwendung der Erdkunde auf die Geschichte* (2 Bände), Stuttgart 1882–1891 (Nachdruck Darmstadt 1975); *Völkerkunde* (3 Bände), Leipzig 1885–1888 (^{2}1894–

1. Nov. für mich geführt hatte. Die Strapazen der Reise waren so groß, daß ich an großer Schlaflosigkeit litt und am 11. Nov. das Amt aus Gesundheitsrücksichten an Sievers[176] abgab.

* * *

3. Anfrage der Johns Hopkins University 1883

Mai 12. Herr Wheeler[177] in Heidelberg richtet im Auftrag der Johns Hopkins University in Baltimor [sic] die Frage an mich, ob ich eventuell bereit sei, eine Professur an dieser Universität anzunehmen[178].

...

Nachdem am 2. Oktober von Baltimor [sic] ein Telegramm gekommen war, daß die Berufung unterwegs sei (Appointment tendered), kam am 19. Oct. ein Schreiben von Gilman[179], worin mir statt der anfänglich in Aussicht gestellten Professur für vergleich[ende] Sprach-

---

1895); *Politische Geographie*, München 1897 (^{3}1927). Vgl. *NDB* 21, 2003, 186–188.

[176] Eduard Sievers (1850–1932), Germanist und Sprachwissenschaftler; nach Philologiestudium in Leipzig (Promotion 1870) und Handschriftenstudien in England ab 1871 Extraordinarius, ab 1876 Ordinarius in Jena; nach Professuren in Tübingen und Halle 1892–1923 als Nachfolger seines Lehrers Zarncke (vgl. Anm. 71) Professor in Leipzig; Forschungen v.a. zur mittelalterlichen Literatur sowie zu Phonetik und Metrik. Vgl. Peter Ganz, „Eduard Sievers“, *PBB* [Tübingen] 100, 1978, 40–85.

[177] Vgl. Anm. 167.

[178] Die durch Benjamin Wheeler vermittelte Voranfrage wegen einer Berufung an die Johns Hopkins University in Baltimore, die letztlich von dem Gräzisten Basil L. Gildersleeve (1831–1924) veranlaßt war (einem Schüler von August Boeckh und Ritschl [vgl. Anm. 70]), spielt auch in den Briefen Hermann Osthoffs (bei dem Wheeler seinerzeit studierte) an KB eine Rolle und ist demgemäß bei Eveline Einhauser, *Lieber freund ...: Die Briefe Hermann Osthoffs an Karl Brugmann, 1875–1904*, Trier 1992, 17–19 und 133–135 behandelt. Dabei erwähnt Osthoff übrigens schon ganz zu Anfang dieser Episode (brieflich am 8. Mai 1883; vgl. dort S. 133), daß man in Baltimore „ausdrückliches gewicht auf docieren in germanistik (althochdeutsch und mittelhochdeutsch ist namentlich betont) legt“.

[179] Daniel Coit Gilman (1831–1908), 1875–1901 erster Präsident der Johns Hopkins University in Baltimore.

wissenschaft eine solche für germanische Sprachen angeboten wird, ferner statt der erwarteten 7500 Doll[ar] nur 3000 Doll[ar] und nur auf drei Jahre. Dieses Anerbieten wies ich zurück.

...

Dec[ember] 20. Minister von Gerber[180], dem ich mitgetheilt hatte, daß ich den Ruf nach der Johns Hopkins University in Baltimor [sic] (officielles Angebot: Professur für germ[anische] Sprachen mit 3000 Doll[ar] Gehalt) abgelehnt habe, bewilligt mir eine „Gratification" von 900 M[ark].

[180] Karl (v.) GERBER (1823–1891), Jurist; nach Professuren in Erlangen, Tübingen und Jena ab 1863 Professor in Leipzig; 1871–1891 Minister des Cultus und öffentlichen Unterrichts des Königreichs Sachsen.

Der junge Karl Brugmann

Der Geheime Rat Karl Brugmann

Karl und Valeska Brugmann

Karl Brugmann als Privatdozent